남자처럼 일하고
여자처럼 승리하라

전 CNN 부사장 게일 에반스가 제안하는 여성을 위한 게임의 법칙

남자처럼 일하고 여자처럼 승리하라

PLAY LIKE A MAN,
WIN LIKE A
WOMAN

게일 에반스 지음 | 공경희 옮김

해냄

이 책에 대한 독자들의 뜨거운 반응 ★★★★★

화들짝 놀랄 수밖에 없는 책 예스 24 byts 님

우리 나라에서 태어나지도 않았는데 어떻게 그녀는 우리 실정에 딱딱 들어맞는 말만 하는지 정말 화들짝 놀랄 수밖에 없다. 사회적으로 충만한 삶을 원하고는 있지만, 직장 생활의 목적이 자기 발전이나 보람에서 멀어지면서 자주 상실감과 자책감, 때로는 열등감과 배신감을 느끼게 되는 우리 사회의 모든 여성 동지들에게 이 책은 훌륭한 의논 상대가 되어줄 것이라 확신한다.

당연하지만 꼭 필요한 이야기 예스 24 kunoctus 님

이 책은 오히려 저 같은 남성들에게 더 가치를 가질 수 있는 책이라고 생각합니다. 게임의 규칙이라. 사실 게임판이 다르면 규칙이 조금씩 다르게 마련이죠. 이 책에서 게일 에반스는 남자들로서는 분명하게 인식하지 못하고 지나쳐버리는 게임의 규칙을 날카롭게 잡아내고 있습니다. 아주 훌륭합니다.

다시금 정신을 번쩍 차리게 하는 책! 예스 24 dramaqueen 님

나를 돌아보고 정리하는 계기가 되었고, 한 권을 다 읽고 난 뒤 뭔가 에너지를 얻은 듯 든든했다. 무엇보다도 마음이 해이해질 때, 그 충격적이고 정신 번쩍 드는 소제목만이라도 스르륵 훑어보면 다시금 나 자신의 해이해진 마음의 나사를 단단히 죄게 된다.

남자처럼 일하고 여자처럼 승리하자!! 예스 24 summit99 님

이 책을 읽으면서 나는 마음의 평화를 얻었다. 무지 고맙다. 되도록이면 많은 사람들이 이 책을 읽기 바라고 또 자신감 있는 직장 생활을 해나갔으면 한다. 올바른 멘토를 갖지 못한 사람이라면 이 책은 그들의 훌륭한 멘토가 되어

줄 것이라 확신한다. 그동안 직장 여성을 다룬 수많은 책들을 읽어보았지만 이처럼 현실의 이야기를 그대로 짚고 있는 책은 없었던 것 같다.

적극 권장해요! 예스 24 kio22 님

특히 처음 직장 생활을 시작하는 여성에게 꼭 보아야 할 서적이라고 권하고 싶습니다. 제 경우도 처음 직장 생활을 시작하면서 게임 규칙을 몰라 많이 헤맸거든요. 직장 여성이라면 한 번쯤 읽어보며 스스로를 이해하고 점검하는 좋은 시간이 될 것입니다.

남성들이 읽어야 할 책! 예스 24 ching1974 님

직장 생활을 좀더 적극적으로 해보고 싶어 이 책을 구입했다. 읽다 보니 여성들이 읽어야 할 책이 아니라 남성들이 읽어야 할 책이다. 남자들이 만든 게임에 여자들이 참여하는 게 아니라, 남성과 여성이 함께 만든 게임에 모두가 정정당당하게 경기하는 그런 사회를 꿈꾸며 이 책을 읽었다.

인간적인, 성공에 관한 지침서 예스 24 ego81 님

성공에 관한 지침서는 자신만이 쓸 수 있는 것이지만 그래도 안심이 되지 않는다면, 또는 지름길을 찾아가고 싶다면 이 책을 집으라고 말하고 싶다.

이 책을 통해 어머니, 누나, 여자친구를 더 깊이 이해하게 되었습니다 교보문고 200061001 님

저는 여성학에 관심이 많은 대학생입니다. 사실 제목만 보았을 때는 여성만을 위한 책이 아닌가 했습니다. 그런데 그게 아니었습니다. 이것은 남성과 여성, 모두의 책입니다. 남성과 여성은 함께 이 세상을 살아가니까요.

멋있고 당당한 직장 생활을 위하여 교보문고 therese10 님

이 책에서 제시하는 몇 가지 사례를 이용하여 정말 실생활에 응용해 보니 '아! 정말이구나' 하는 생각이 들었다. 여자이기에 못 할 일은 없을 것이다. 단지 게임의 룰을 익히지 못해서 그럴 뿐이다. 하지만 게임의 룰을 익히는 것은 각자의 몫이 아닐까? 너무 큰 욕심 내지 말고 이 책을 읽는다면 최소한 한 가지 이상은 얻는 게 있을 것이다.

남자의 룰을 알아야 직장 생활을 할 수 있다! 교보문고 tripp 님

이 책을 직장 생활 초년병 시절에 읽었더라면 얼마나 좋았을까요? 직장 생활 시작하시는 분들, 직장 생활에서 뭔가 안 풀리는 여자분들은 꼭 한번 읽어 보셨으면 좋겠습니다. 직장 생활을 오래하신 분들이라도 읽으면 무릎을 칠 만한 내용이 꽤 있습니다.

직원들에게 나누어주었어요 알라딘 몰리 님

한창 여성 직장인으로서 여러 가지 크고 작은 어려움을 토로하는 팀원들에게 모조리 책을 사서 돌렸다. 힘들 때마다 '그냥 놀까 봐요', '집에서 조그맣게 사업이나 할까 봐요', '혼자 조그만 인터넷쇼핑몰이나 해볼까 봐요'를 입에 달고 다니며 힘들어하는 여성 직장인들. 직장 생활 3년차 이후 여성들이라면 기나긴 커리어우먼으로서의 생존을 위해 필독해야 할 좋은 책이라고 생각한다.

내 딸아, 당당한 사회인으로…… 알라딘 key777 님

취업을 앞둔 딸이 있습니다. 딸아이를 둔 부모라면 모두 저와 같은 고민을 할 것이라고 생각합니다. 고민만 하고 있을 수는 없고 저 나름대로 용기를 주고자 이 책을 선물했습니다. 능력에다 성실성은 물론이고 미모까지 갖춰야 하는 여성들이 당당히 사회인으로 설 수 있도록 도와주는 책이라고 생각합니다.

6

여자도 여유 있게 일할 수 있는 사회를 꿈꾸며 알라딘 최인선 님

이 책은 여성만의 책이 아닙니다. 혹시 회사에서 자신의 위치에 대해 회의를 느끼시거나, 자신의 직위에 불안을 느끼시는 분, 여자라는 이유로 취직이 안 된다고 생각하시는 분, 혹시 그 원인이 자신이 추구하는 바를 제대로 몰라서 그러는 것이 아닌지 반성해 보신 적은 있으십니까? 이 책은 여러분이 원하는 답을 직접적으로 제시해 주지 않을지 모르나 이 책을 읽으신다면 분명 얻는 게 있을 것입니다.

실제적인 참고서적 알라딘 다닥 님

이 책은 뻔한 충고조의 책은 아니다. 직장에서 지나치게 스트레스를 받거나, 혹은 일상생활에서 남자 동료와의 관계에 어려움을 겪을 때 그들을 이해할 수 있고, 또한 나를 이해할 수 있는 실질적인 참고서이다.

여성들에게 권하고 싶은 책 알라딘 일상 속의 즐거움 님

이 책을 통해서 내가 사회에 나갔을 때 겪어야 하는 높은 벽과 통념을 미리 알게 되어서 좋았다. 사회에 진출해 있는 선배들에게도 좋은 교과서이겠지만 사회에 진출하려고 하는 초년생에게는 더없는 교재라고 생각한다.

밑줄 긋던 형광펜이 다 닳아버리는 책 알라딘 독자님

읽고 나서 정말 읽길 잘했단 생각이 들었다. 특히나 이런 유의 독자의 잠재성을 고양시키기 위해 노력하는 책들은 뒤로 가면서 늘어지고 천편일률적으로 끝나게 마련인데, 이 책은 끝까지 상당한 흥미를 던져주며 커리어 성공에 관한 기분 좋은 잔소리의 고삐를 늦추지 않는다.

여성이여, '게임'의 방법을 배워라

좋은 역할 모델을 갖고 성장한 면에서 보면, 난 운이 좋은 케이스였다. 나는 여성이 무엇이든 할 수 있다고 믿으면서 자랐다. 이것은 어머니로부터 물려받은 신념이었다. 겉으로 보면 어머니는 보수적인 여성 같았다. 어머니는 교외 지역에 사는 가정주부로, 가정과 남편 내조에 신경을 쓰셨다. 하지만 늘 내게 여성은 자기 삶에 대해 책임을 져야 하고, 인생을 충만하게 살아야 한다고 말씀하셨다.

실제로 어머니 자신도 그렇게 사셨다. 가족을 잘 돌보면서도 지역 소년범 보호 시설의 아이들과 결연을 맺어 그들을 돌보셨고, 유대인 시각 장애자 협회에서 장애인들을 가르치셨으며, 자원봉사자로 적십자의 구급차를 운전하시기도 했다. 또 정신적·육체적으로 장애를 겪고 있는 참전 용사들의 야유회와 야구 게임도 도우셨다.

어머니는 1920년대에 여성 모자를 파는 체인점에서 지배인으로 일하셨지만, 결혼 때문에 직장을 그만두셨다. 하지만 운전이나 자신을 믿는 것은 절대로 포기하지 않으셨다. 어머니는 나에게 두 가지 가르침을 주셨다. 선량하고 제대로 성장한 여성이 되어야 한다는 것과 나 자신이 원하는 인물이 될 수 있다는 것.

나는 어머니의 그 충고를 가슴 깊이 새겼다. 1963년 대학을 졸업한 후 나는 국회와 백악관에서 일하며 정치 분야에서 성공적인 이력을 쌓아갔다. 하지만 결혼하자, 어머니를 비롯해 그 시절의 다른 여성들처럼 직장을 그만두고 내조에 매달렸다.

우리는 애틀랜타로 이사했고, 그후에는 소련으로 갔다. 다시 조지아로 돌아온 후 나는 아이들 셋을 키우면서 프리랜서로 나서 국제적인 회사들의 조사와 홍보 대행 업무를 시작했다. 그러다가 1980년 CNN이 설립되자 입사했다.

마침내 나는 제1중앙 섭외부를 만들 기회를 얻었다(여기서 섭외란 텔레비전에 출연할 전문가를 찾는 일을 뜻한다). CNN인터내셔널이 설립되자, 그쪽의 섭외 책임까지 맡게 되었다. 1987년 부사장이 되었고, 2년 후 토크쇼인 〈CNN&Co.〉를 만들었다. 그 프로그램은 여성 출연자가 등장해 그날의 주요 이슈에 관해 토론한 첫 번째 텔레비전 토크쇼였다. 그전까지만 해도 여성 출연자는 단순히 '여성 문제'만을 논의했는데, 그 쇼에서 그 벽을 깼다고 할 수 있다.

나는 선임 부사장으로 승진한 후, 최초의 상호 작용 텔레비전 뉴스 프로그램인 〈토크백 라이브〉를 공동 개발했고, 1996년에 〈증거의 짐〉이라는 최초의 일일 법률 관련 토크쇼를 만들었다.

나 역시 지금껏 살아오면서 어머니처럼 다른 사람들을 위해 시간을 할애하려고 노력했다. 나는 CNN의 관리직 부사장이 된 1997년, 클린턴 대통령에게 백악관 관우회 위원으로 임명받았다. 또 200인 위원회와 국제 여성 포럼의 회원이고, 애틀랜타 소년 법원 재심리 배심원이며, 애틀랜타에 있는 에모리대학 경영대학원에서 비즈니스에서의 성문제에 관해 강의하고 있다. 또 몇몇 대학의 위원회에 참여하고, 비영리 단체들에도 관여하고 있다.

나에게는 딸 하나와 며느리 둘, 손녀들이 있다. 그들 모두 어머니와 나처럼 자신이 여성이라는 점에 대해 낙관적으로 느끼길 바란다. 그들이 그렇게 느낀다면 복이 많은 사람들이다.

지난 20년 간, 일반적으로 남성이 주로 지배하고 여성은 거기에 따르는 구조의 직장에서 상실감을 느꼈다고 말하는 여성을 수천 명쯤 만났다. 나는 언제나 그런 여성들에게 최선의 충고를 하려고 노력했고, 내가 그런 말을 할 필요가 없는 그룹을 만나기를 늘 고대했다.

한번은 하버드 경영대학의 여학생과 여동문들에게 연설해 달라는 초빙을 받았다. 나는 여성이 직장을 정복한 곳이 있다면, 바로 그 그룹일 거라고 생각했다.

하지만 내 짐작은 틀렸다. 하버드 여성들은 교과 과정을 훌륭히 수행했고 고위직에도 올랐지만, 직장에서 섬처럼 고립된 느낌을 가지고 있었다. 그들은 남성 중심의 직장에서 자주 상실감을 느낀다고, 어떻게 적응해야 좋을지 모르겠다고 불평했다.

그래서 나는 미 전역의 여성 그룹들에게 수백 차례 연설한 내용뿐만 아니라, 어머니에게 들어서 내 딸과 며느리들에게 대물림해 들려주는 이야기를 글로 옮겨야겠다고 마음먹었다. 요즘은 텔레비전이 대단한 위력을 발휘하는 매체긴 하지만, 역사를 대물림하는 수단은 역시 인쇄된 활자가 최고일 듯하다. 나 개인적으로도 책을 읽고 얻은 바가 크다.

나는 여러분이 이 책을 통해 "여성으로서 어떻게 게임을 풀어나갈지 몰라서 오늘날 내가 마땅히 차지할 자리를 차지하지 못한 거야"라고 말하지 않고 직장이라는 환경에서 일하는 능력을 배우길 바란다.

나의 큰 바람은, 어느 날 우리가 직장에서 남녀 불평등에 대한 대화를 하지 않게 되는 것이다. 남녀가 동료로서 일하고, 우리가 일을 어떻게 하는가만 문제가 되는 그런 날을 맞이하는 것이다.

이제 비즈니스의 주인공은 여성이다

얼마 전, 성공한 여성 사업가들이 모인 소규모 회의에서 강연할 기회가 있었다. 강연이 끝나고 한 여성이 나와서 충고를 구하자, 그 뒤로 충고를 들으러 나온 행렬이 줄줄이 이어졌다.

그런 행사 때는 꼭 그렇게 된다. 나는 강연을 하고, 그들의 이야기를 귀담아듣는다. "당황했다", "화가 났다", "상실감", "덫에 걸린 기분", "발목잡힌 기분", "압도당해서" 같은 말을 수없이 반복해서 듣게 된다. 여성마다 하나같이 자신들이 직업 세계에서 요만큼밖에 못 왔고 더 나아가지도 못할 것 같은 기분이라고 말한다.

그 회의에서 만난 한 여성은 《포춘》지가 선정한 500대 기업의 부사장으로 그 직장에서 20년간 근무했다고 말했다. 지난 4년 동안 두 차례나 '듣기에는 거창한' 직위에 올랐지만 더 이상 힘을 발휘할 수 없는 자리였다고 했다. 그 여성은 벽에 부딪혔다고 생각했다.

"당신이 원하는 게 뭔지 명확하게 따져봤나요? 조치를 취하셨어요?"라고 나는 물었다.

그 여성은 "아뇨"라고 대답했다.

지속적으로 심각한 불만을 갖고 있을 때 불쾌한 심정을 떠안은 채 그냥 살면 안 된다는 것을 모르는 여성이 너무나 많다. 상황을 변화시켜야 하는데 그걸 모른다.

나는 그 여성에게 조치를 취할 필요가 있다고 일러주었다.

"어떤 종류의 조치 말씀인가요?"라고 그녀가 물었다.

"어떤 조치든요. 한 가지 행동을 취하면 또다른 행동이 나오게 되죠. CEO와 대화해 보든지 다른 직장을 알아보든지 어떤 일이라도 하세요. 당장!"

그 여성은 한숨을 내쉬며 말했다.

"이해할 수 없어요. 그들은 내가 얼마나 일을 잘하는지 알아요. 그런데 왜 적절한 보상을 해주지 않는 거죠?"

바로 이런 태도 때문에 게임에서 지는 것이다.

게임을 시작할 때 방법 안내서를 읽지 않으면, 게임 진행 방법을 알 수 없다. 게임 도구가 든 상자를 열면 게임판과 득점표, 주사위가 있지만 그것만 봐서는 게임 방법을 알 수 없는 것이다. 혼자서 하는 게임이라면 방법을 만들 수도 있겠지만, 그게 꼭 맞는 방법이 아닐 수도 있다. 다른 사람들과 하는 게임인 경우 방법을 모르면 늘 상대방을 따라서 해야 한다. 하지만 그 사람들은 자기가 이기는 데만 관심을 두기 때문에, 내가 지금 제대로 하고 있는지 계속 자문해야 한다.

크리켓을 하든 모노폴리 게임을 하든, 필드 하키나 축구를 하든, 먼저 게임 방법부터 이해해야 한다. 그렇다면 비즈니스라는 게임을 하면서도 마찬가지가 아닐까? 비즈니스도 개인 종목이든 팀 종목이든 스포츠 게임과 다를 게 없다. 팀워크 살리기, 제대로 움직이기, 은밀히 행하기, 팀의 최고 선수 뽑기, 주사위 굴리기, 먼저 판돈 부르기, 액수 올리기, 주장 제대로 뽑기, 팀 플레이하기, 홈런 치기와 같은 은유법 모두를 고려해야 한다.

기본을 말하자면 이렇다. 비즈니스 세계에서 대부분의 여성은 불리하다. 우리는 추측하고, 개선하고, 허세를 부려야 한다(이것은 여성이 잘 못하는 것이다 — 5장 〈04 적극적으로 자신을 PR하라〉 참조). 게임을 잘하는 여성이 거의 없고, 만족을 느끼는 여성은 더욱 적은 이유가 바로 여기에 있다.

그러면 남성은 어떤가? 그들은 방법 안내서를 읽지 않는다. 읽을 필요가 없기 때문이다. 방법의 개념을 만들어낸 당사자가 바로 남성이니까. 그들은 여성이 말하는 것을 고의로 무시하거나 싫어하지는 않는다. 기업 문화가 발달할 때 여성이 그 주변에서 동참하지 못했을 뿐이다. 방법의 개념을 쓰는 사람이 남성뿐이었기에 모든 규칙을 남성이 만들었다.

지난 세기에 여성은 큰 행보를 이루었다. 하지만 그 과정이 늘 순조로웠던 것만은 아니다. 늘 똑바로 나아갈 수 있었던 것도 아니다. 심지어 종종 퇴보하기까지 했다. 예를 들어 2차 세계대전 중에는 노동력의 부족으로 여성이 남성의 일까지 맡아야 했고, 아주 잘해 냈다. 하지만 전쟁이 끝나자 '대갈못을 박던 로지'는 집으로 돌려보내졌고, 여성은 또 한 번의 기회를 얻기 위해 몇십 년을 기다려야 했다.

우리가 할 수 있는 최선의 말이란 게, 조금씩 나아지고 있다는 것이다. 현재 많은 여성이 직장 생활을 하고 있지만, 산을 오를수록 나무가 적어지듯 직장에서도 임원으로 올라가면 여성은 거의 찾아볼 수 없다. 수목 한계선에 이르면 목련나무가 없는 것과 마찬가지다.

얼마 전《포춘》지의 커버 스토리는 미국에서 가장 강력한 50인의 여성에 관한 이야기였다. 거기에는 잘못된 게 없었다. 다만 내가 걱정스러웠던 것은, 그 여성들이 차지한 직위가—그룹 사장들, 부사장들, 자기 사업체를 설립한 사장들—비슷한 남성 집단과는 비교도 안 된다는 점이었다. 대규모 회사의 CEO는 모두 남성일 터였다.

이제 여성은 미국 총노동력의 46퍼센트 이상을 차지하고 있다. 1950년의 29.6퍼센트에 비하면 많이 성장했다. 하지만 1999년 미국 상위 500개 기업의 임원 11,681명 중 11.9퍼센트만이 여성이었다. 1998년에는 11.2퍼센트였다. 이런 속도가 유지된다면, 2064년이나 되어야 임원진이 남녀 동수로 구성될 것이다.

1999년에는 상위 500개 기업 상위 연봉자의 3.3퍼센트만이 여성이었고, 미국 회사의 최고위직자 성비를 보면 남성 1,202명 대 여성 98명이었다. 그리고《포춘》지가 선정한 500대 기업 중 496개 기업의 CEO가 남성이었다. 미국의 유명 회사 중 여성 임원이 한 명도 없는 곳도 많다. 제너럴 일렉트릭, 엑손, 컴팩 등.

그리고 여성이 최고위직에 오른다고 해도 남성 최고위직자처럼 보수를 많이 받지 못한다. 여성 고위직이 21만 1달러에서 496만 달러의 연봉을 받는 데 반해, 남성은 22만 660달러에서 3천 129만 달러를 받는다. 한마디로 말해서 남성 고위직자가 1달러를 받을 때 여성 고위직자는 68센트밖에 받지 못한다는 뜻이다.

오늘날 비즈니스계의 현실은 이렇다. 여성은 자기가 창업을 했거나 상속받았을 때는 강력한 자리를 차지할 수 있다. 하지만 그 외에는 고위직을 뚫고 올라가 최고위직에 오르지 못한다. 미국 회사에서 권력은 그 자리가 쥐고 있는데도 말이다.

여성이 할 수 있는―또 해야 하는―일은 무엇일까? 남성과 여성이 비슷한 본능을 갖고 태어나 비슷하게 사회화된다면 대답은 쉬울 것이다. 하지만 실제로는 그렇지 않다. 일반적으로 유전공학자들은 남성과 여성의 사회 생활 기술은 유전적으로 다르게 타고났다고 생각한다. 또 사회학자들에 따르면 남성과 여성은 다르게 양육된다고 한다.

세 아이를 키운 내 경험을 말하고 싶다. 나는 성 차별 없는 환경에서 두 아들과 딸을 키우려고 노력했다. 한데 출산 첫날부터 남자 아기와 여자 아기가 다르다는 것을 알 수 있었다. 예를 들면, 두 아들과 딸에게 수유하는 방식이 그랬다. 두 아들은 비슷하게 행동했다. 그들은 배가 부르도록 젖을 빨고는 트림을 하고, 기저귀에 일을 보고는 곧 잠들었다. 아주 빠르게 별다른 노력 없이도 과정이 진행되었다. 얘기는 거기서 끝이었다.

하지만 딸은 전혀 다른 반응을 보였다. 딸애는 조금 젖을 빨다가 눈을 감고는 더듬고, 손을 뻗고, 느끼고, 쉬고, 눈을 떠보려고 애쓰고, 거품을 물고, 다시 젖을 빨고 더듬고 그랬다. 태어난 직후부터 나와 맺는 사회적인 관계에 관심이 있음이 분명했다. 딸애는 내가 누구인지, 자기가 어디 있는지 알고 싶어 했다. 사내애들은 그냥 욕구를 채우기만 을 원했고.

양육에도 성에 따른 차이가 있다고 한다. 나는 에모리대학교 고이주 에타 경영대학원에서 비즈니스에서의 성 문제를 강의하면서, 학생들 에게 어릴 적 했던 놀이가 뭐였는지 물어보았다. 또 게임을 한 목적이 뭐였는지, 몇 명의 어린이가 참여했는지, 게임에서 어떤 교훈을 얻었 는지 등등을 물어보았다.

늘 그렇듯 가장 영리한 청년이 맨 먼저 손을 들고 대답했다.

"저는 언제나 최소한 대여섯 명의 남자 친구들과 놀았습니다. 우리 는 야구공 받기나 축구, 거리 하키 같은 게임을 했습니다."

여기까지 말한 그는 이렇게 덧붙였다.

"게임을 한 목적이 뭐였냐고 물으셨는데, 그렇게 바보 같은 질문이 또 있을까요? 우리는 이기기 위해 게임을 했습니다. 그것 외에 무슨 목적이 있었겠습니까?"

이 대목에서 한 젊은 여성이 "맙소사!"라고 탄식하며 끼여들었다. 그 여성은 여럿이 그룹을 만들어 놀기보다는 한번에 한두 명의 여자 친구 와 놀았으며, 이기는 것보다는 우정을 쌓는 데 더 관심이 많았다고 설 명했다. 그리고 그녀는 캠프에 갔다가 두 친구와 고무공 튀겨 받기 게 임을 했던 경험을 말했다. 한 아이가 이길 즈음이 되자, 게임이 끝나지 않도록 모두 같이 새로운 규칙을 만들었다는 것이다.

"가능한 길게 게임을 계속하는 게 목적이었어요. 그리고 우리는 모 두가 다 이기기를 바랐거든요."

남성과 여성, 어느 한쪽 관점이 다른 관점보다 낫다는 것은 아니다.

다만 유아기부터 남아와 여아는 다른 규칙을 갖고 논다는 것이다. 그리고 비즈니스 분야에서 남성이 규칙을 만들었고, 또 여성은 능력 있는 경쟁자가 되기 위해서 노력하고 있으므로, 우리 여성은 그 규칙에 숙달되어야만 잘해 나갈 수가 있다는 것이다.

나는 지금 남성이 잘못하고 있다거나 잘하고 있다고 말하려는 게 아니다. 비즈니스계는 남성이 지배하는 분야다. 비난하려고 하는 말이 아니다. 이것이 현실이라는 것이다. 대부분 남성이 이익을 보는 것은 여성을 의식적으로 차별 대우하기 때문은 아니다. 남성은 보통 편하게 느끼는 사람들에게는 마음을 털어놓는다. 비즈니스 세계의 남녀 관계는 백인 기독교인과 인도인 시크교도, 혹은 군 장군과 반전주의자의 관계와 크게 다르지 않다. 유유상종이랄까. 어쨌든 다른 점이 있으면 마음이 불편해진다.

우리 사회가 남녀의 노동을 구분했다는 것은 부인할 수 없는 사실이다. 역사적으로 한쪽 성이 어떤 임무를 감독하는 경향이 있었고, 따라서 그 성이 규칙을 만들게 되었다. 하지만 최근에는 그 구분이 흐려지고 있다. 남녀 모두 직장에서든 가정에서든 전통적인 경계선을 넓혀가고 있다고 생각한다.

예를 들면, 집에서 머물면서 자녀를 양육하는 남성도 있다. 우리 문화에서 자녀를 양육하는 방식은 여성이 결정한 시스템이다. 이 방향은 여성이 만들었다. 하지만 남성이 아이를 양육하는 방식에 더 큰 영향을 발휘한다면, 우리 아이들에게 아주 좋은 효과를 미칠지도 모른다. 여성이 회사에서 더 큰 역할을 맡게 된다면 더 건강한 회사가 될지 모르는 것과 마찬가지로, 아이들이 더 건강해질지도 모르는 것이다. 남녀의 성이 한데 어우러질수록, 모두에게 더 좋은 해결책을 찾을 수 있을 것이다.

이 책에는 여러분이 성공하기 위한 개인 지침을 마련하는 데 도움이 될 수 있는 요점들을 실었다. 비즈니스계에서 선수가 되려면 남성이 경기하는 규칙을 알아야 한다. 그들의 일거수일투족을 다 따라 해야 되기 때문이 아니라, 결국 자기 스스로 게임을 만들어간다 하더라도 경기장을 이해할 필요가 있기 때문이다. 경기장에서 어떻게 해야 할지 모른다면, 그 경기에서는 질 수밖에 없다.

| 차례 |

PLAY LIKE A MAN

저자의 말 | 여성이여, '게임'의 방법을 배워라   8

글을 시작하며 | 이제 비즈니스의 주인공은 여성이다   12

CHAPTER 1 게임의 목적 25

CHAPTER 2 경기장의 규칙 네 가지 31

01 나는 내가 이렇다고 말하는 바로 그런 사람이다 34

02 정신적 충족감이 모든 걸 해결해 주지는 않는다 37

03 직장은 여학생 클럽이 아니다 41

04 여성은 언제나 어머니나 딸, 아내 혹은 정부다 44

CHAPTER 3 게임 준비하기 49

01 경기장에 대해 파악하라 50

02 팀 문화를 점검하라 53

03 팀을 위해 선택된다는 것을 명심하라 58

04 전략에 맞는 옷을 입어라 62

05 뚜렷한 비전과 전략을 세워라 65

N LIKE A WOMAN

CHAPTER 4 스코어 계속 점검하기   69

CHAPTER 5 게임 풀어가기: 성공하기 위한 열네 가지 규칙   77
 01 원하는 것을 당당하게 요구하라   80
 02 입 밖으로 말을 꺼내라   84
 03 자신있게, 강력하게 말하라   87
 04 적극적으로 자신을 PR하라   91
 05 친구를 사귀리라 기대하지 말라   96
 06 불확실성을 받아들여라   101
 07 과감하게 모험을 감수하라   103
 08 사기꾼이 되라   108
 09 문제를 작게 생각하라   112
 10 고민을 내색하지 말라   116
 11 팀의 리더를 따르라   119
 12 위임권이 없는 책임은 절대 떠맡지 말라   126
 13 회의실 중앙에 앉아라   131
 14 유머 감각을 길러라   135

PLAY LIKE A MAN

CHAPTER 6 직장에서 남성은 할 수 있지만
여성은 할 수 없는 행동 여섯 가지   139

01 남성은 울 수 있지만 여성은 그럴 수 없다   142

02 남성은 성관계를 가질 수 있지만 여성은 그럴 수 없다   144

03 남성은 안절부절못할 수 있지만 여성은 그럴 수 없다   146

04 남성은 소리칠 수 있지만 여성은 그럴 수 없다   149

05 남성은 매너가 나빠도 되지만 여성은 그럴 수 없다   151

06 남성은 추해도 괜찮지만 여성은 그럴 수 없다   154

CHAPTER 7 남성과 여성이 서로 다르게 해석하는
단어 열 가지   157

01 예스(그 의미 그대로)   160

02 노(그것이 의미하지 않는 것)   162

03 …… 하기 바랍니다(게임에서 최악의 말)   164

04 죄책감(경기장에 존재하지 않는 말)   167

05 죄송해요(실수했을 때만 쓰는 말)   169

06 공격적인(대담하고 추진력이 있는)   171

07 싸움(투쟁이 아닌 순간적인 충돌)   172

N LIKE A WOMAN

08 게임(또다른 이름은 재미)   175

09 유리 천장(여성의 표현이 아닌 남성의 표현)   177

10 장래(현재로부터 얼마 뒤)   181

CHAPTER 8   경기장에 등장하는 법, 퇴장하는 법   183

CHAPTER 9   마지막 규칙 두 가지   199

01 여성이 되라   200

02 자신의 본모습으로 살라   204

옮긴이의 말 │ 모든 여성에게 힘을 실어주는 책   212

CHAPTER 1

PLAY LIKE A MAN,
WIN LIKE A
WOMAN

게임의 목적

66 절망의 치료법은 행동하는 것이다. 99

— 존 바에즈(포크송 가수, 인권운동가)

　내 경영학 수업에 들어온 한 청년은 "게임의 목적이 이기는 게 아니고 뭐냐?"고 반문했다.

　한데 이긴다는 건 뭘까? 가장 막강한 권력을 휘두르는 CEO가 되는 것을 의미할까? 은행 구좌에 돈을 엄청나게 많이 넣어두는 것을 의미할까? 아니면 사람들이 가장 겁내는 사람이 되는 것을 의미할까?

　내게 있어 게임의 목적은 단순히 내가 하는 일에 대해 좋은 감정을 느끼는 것이다. 그게 모든 지상 명령 가운데 가장 중요한 요소이며 마지막에 충만감을 느끼게 해주는 방법이므로 바로 승리하는 것이다.

　내가 지금까지 성공한 것은 맡았던 일을 사랑했기 때문이라는 것을 분명히 알고 있다. 그렇다고 해서 내가 언제나 근사한 회사에서 보수를 많이 받고 일했던 것은 아니다. 주소·성명 자동 인쇄기를 작동하는 일부터 커피를 나르는 일까지 온갖 일을 했다. 하지만 나는 무슨 일을 맡든 언제나 즐거운 마음으로 그 일에 임할 수 있었다.

　아이들이 아직 어릴 무렵 나는 몇 년간 쉬면서 살림을 했다. 그사이

약간의 돈이라도 벌 요량으로 시간제 근무를 했다. 애틀랜타에 있는 재고 시장에서 어느 의류 회사의 판매 책임자 자리를 얻었다. 나는 그 일을 게임으로 생각하기로 했다. 의류상이 필요로 하지 않는 옷이라고 해도 내가 얼마나 판매할 수 있는지 알아보기로 작정했다. 그 일을 영원히 계속할 수는 없을 테지만, 일을 하는 동안은 재미있었다. 그리고 애들 옷을(내 옷도 마찬가지고) 도매가로 살 수 있는 것도 장점이었고.

마찬가지로 의회나 CNN에서 일할 때도, 처음 일을 제의받았을 때부터 모두 신나는 업무를 맡았던 것은 아니다. 하지만 보통은 신나는 일로 만들어갈 수 있었다. 예를 들면, 어느 시점이 되자 보스가 나에게 CNN의 인턴 사원 프로그램을 개편하라고 했다. 그때 나는 이미 두 아이가 대학에 진학한 무렵이었는데, 남의 대학생 나이 자식들 걱정까지 떠맡기는 정말로 싫었다. 하지만 지시받은 것보다 더 책임을 늘려가는 방식으로 해볼 만한 일로 만들었고, 결국 인턴 프로그램에서 끝나지 않고 사원 채용과 능력 개발 부문까지 영역을 넓히게 되었다. 내가 하는 일이 겉으로 잘 드러나게 했고, 결국 그 부문의 신임 부사장으로 임명된 사람은 내게 보고하라는 지시를 받아야 했다.

그러므로 비즈니스라는 게임에서 궁극적인 승자는, 반드시 가장 센 권력이나 재력이나 명성을 가진 사람일 필요는 없다. 오히려 자기 일을 사랑하는 사람이 마지막 승자다. 중요한 직책을 맡고 있으면서도 암담한 삶을 사는 사람을 많이 안다. 하지만 자기 일을 사랑하면서 암담하게 사는 사람은 본 적이 없다. 아주 간단한 얘기다.

조금 더 얘기해 보자. 일을 사랑하는 사람이라면, 남성이 하는 방식으로 게임을 풀어나가고 있다고 볼 수 있다. 그런 사람은 축구장에서

호출당해 나오거나, 중요한 회의에 바쁘게 들어가면서, 다른 데 있으면 얼마나 좋을까 하고 생각하지는 않는다. 그런 사람은 열정적이고, 경쟁심 넘치는 욕구를 충족시킬 기회를 얻으려고 열심이다.

자기가 하는 일을 사랑하는 사람은 자신에게 강한 힘을 부여하는 셈이다. 그런 태도가 보다 뛰어난 사람을 만든다. 자기가 하는 일을 분명히 드러낼 수 있는 능력이 거기서 생겨나고, 잠재력을 최대한 살려서 최고의 비즈니스우먼이 되는 데 도움이 된다. 최고의 자리에 오를 기회를 스스로 개발하는 셈이다.

물론 게임을 사랑한다는 것이 물질적인 성공과 같은 의미인 남성도 있다. 이것은 기본적인 원인과 결과 패러다임이다. 즉 최고위직에 올라 부자가 되면, 그 일을 사랑한다는 논리다.

하지만 여성은 성공을 별개의 존재로 사랑하는 것 같지 않다. 여성은 인생 전체를 사랑하고 싶어한다. 그리고 그것도 좋다. 남성과는 달리 우리 여성은 일상적인 존재의 다양한 측면을 척척 구분하지 않는다 (5장 〈09 문제를 작게 생각하라〉 참조). 그러므로 본질적으로 흥미롭지 않은 일을 맡으면—그 일을 하면 성공할 가능성이 보인다고 해도—즐거움을 느끼기는 힘들다.

왜 여성은 자기 일에 열정을 기울이기가 이리도 힘들까? 그것은 여성이 어릴 때부터 돌보는 역할을 맡으면 마음이 편안해지도록 키워지기 때문인 듯싶다. 즉, 여성은 다른 모든 이를 위해서 일을 더 잘 처리해 내는 사람으로 키워지기 때문이다.

우리 여성은 돌보는 역할을 떠나서 자기 자신을 사랑해도 좋다는, 또는 우리가 하는 일을 사랑해도 좋다는 용납을 받지 못한다. 겨우 몇

십 년 전부터 여성은 자기 삶의 중심이 될 수 있다는 것을 배우기 시작했을 뿐이다. 그것은 우리도 경기장에서 황급히 달려나와 회의실로 들어가는 남성과 똑같은 열정을 가지고 자기 일을 사랑하기 시작할 수 있다는 의미가 된다.

아기가 태어나면 기저귀를 갈아주는 일이 고되지 않다. 그것은 그 행위의 초점이 기저귀가 아니라 아기이기 때문이다. 우리는 아기를 위해서라면 무슨 일이든 할 것이다. 하지만 아기가 세 살이 되면, 초점은 아기가 아니라 기저귀로 옮아간다. 그래서 배변 훈련을 시킨다.

마찬가지로 회사에서도 우리는 맡겨진 일을 하고 잘 적응하도록 스스로 타이를 수 있다. 하지만 궁극적으로 자기 일에 대해 좋은 감정을 못 느낀다면, 그저 동작을 이어나가는 것뿐이며, 이것은 '가능성'이라는 버튼을 스스로 끄고 있다는 뜻이다.

어떤 게임이든 그것을 즐기지 않으면 잘해 낼 수 없다.

CHAPTER **2**

PLAY LIKE A MAN,
WIN LIKE A
WOMAN

경기장의 규칙
네 가지

"여성에겐 여성만이 탐구할 수 있는
미답의 세계가 있다."

— 조지아 오키페(예술가)

　몇 해 전, 나는 에모리대학의 경영학 강의 수강생들에게 성공한 남
녀 임원들을 인터뷰하라는 과제를 내주었다. 훌륭한 지도자들의 자질
을 찾아내서 리포트를 작성하는 과제였다.

　처음 과제를 냈을 때는 남녀의 성 차이에 대한 논의를 할 의도는 전
혀 없었지만, 학생과 임원, 양쪽 다 남성과 여성을 각기 다른 언어를
동원해서 설명했다는 점을 간과할 수 없었다.

　남성 임원을 설명하는 가장 공통된 용어는 '공격수', '완전한 승자',
'공격적', '뽐내는 태도', '이기려는 욕망', '권력을 쥔', '거친', '재미있
게 지내는', '약육강식의 세계' 등이었다.

　여성과 관련된 어휘와 구절은 '협조', '사회적인 관련성', '팀워크',
'타인 존중', '비경쟁적인', '권력을 공유하고 싶어 하는', '그룹의 조화
를 중시하는', '모두가 승자가 될 수 있다는 느낌', '모두에게 사랑받고
싶어 하는', '관리인' 등이었다.

　남성과 여성에 관한 토의를 할 때마다 나타나는 일정한 주제가 있

다. 교수든 학생이든, 비즈니스맨이든 비즈니스우먼이든 직업에 관계 없이 남성은 남성끼리, 여성은 여성끼리 같은 언어를 쓴다는 점이다.

여성은 '사회적인'과 '협조적인'으로, 남성은 '공격적인'과 '끈질긴'으로 그 특성을 대표할 수 있다는 게 이 책의 요지다. 남성이 모두 축구나 체스, 포커를 배운 것은 아니고, 또 여성이 모두 인형 놀이를 했거나 경쟁적인 게임을 무시하며 자란 것은 아니지만, 대다수의 남성과 여성은 각각의 성에 따라서 사회적인 문화에 적응했다고 할 수 있다.

물론 경쟁적인 스포츠나 게임을 즐기지 않는 남성도 있다. 그 어떤 남성보다 강인하고 경쟁심이 강한 여성도 있다. 인형보다는 축구가 더 마음 편한 여성이라 해도 이 책을 던져버리지 말기 바란다. 나 역시 고교 시절, (뉴욕의) 웨스트체스터 카운티에서 열린 모든 하키 게임에서 골키퍼로 뛰었다.

하지만 대개 여성이 즐기는 게임은 남성이 즐기는 게임과 달랐고, 현재도 다르다. 이것은 남성과 여성이 다르게 입력되고 다르게 양육되기 때문이다.

그리고 성인이 되면 다르게 일한다. 여성 자신이 이런 차이를 이해하는 것이 중요하다. 자신에 대해 알면 알수록, 힘을 얻을 가능성이 커지기 때문이다. 무지는 축복이 아니다.

경기에 나설 사람이라면 전략을 이해하는 데 아래의 네 가지 기본 원칙이 도움이 될 것이다.

나는 내가 이렇다고 말하는 바로 그런 사람이다

어떤 게임을 한다는 것은 다양한 선택에 직면한다는 것을 뜻한다. 비즈니스라는 게임도 예외가 아니다. 약자의 위치에서보다는 강자의 위치에서 선택을 할 때 일이 더 잘 풀린다.

위원회 회의에 참석할 때마다, 참석한 여성들이 다양한 배경을 갖고 있다는 사실에 늘 놀란다. 남성이 대개 똑바로 외길을 달려온 데 비해, 여성은 그렇지 못했다는 뜻이다.

여성의 길에는 장애물이 많다. 우리는 가족이라는 커다란 이슈와 맞닥뜨리기 때문이다. 평생 살면서 부모님이든 형제자매든 자녀든 신경 써야 할 사람들과 중요한 관계를 맺지 않고 완전히 혼자인 여성을 아직 나는 만나보지 못했다. 그것은 여성이 가족에 대한 의무와 직업 사이를 왔다 갔다 해야 된다는 뜻이다. 때로는 직장을 그만두거나, 근무 시간을 변경하거나, 다른 도시에 가서 일자리를 구해야 되는 경우도 있다.

일반적으로 남성은 집에 머무는 것과 조직 내에서 달려나가는 것 사이에서 발목잡히는 기분을 느끼지 않는다. 그러므로 여성의 커리어는 남성보다 많은 요소로 채색될 수밖에 없다. 여성의 게임판이 훨씬 복잡하다는 애기다.

자신을 이런 시스템의 희생양으로 보면 인생이 더욱 고달파진다. 나와 아주 가까운 친구의 예를 보자. 그 친구는 보스턴에 본사를 둔 대기업에서 25년째 근무하고 있다. 그녀는 크게 성공했지만, 현재의 직위에서 더 이상 승진하지 못할 거라고 생각한다. 그녀는 회사의 빈곤자 조합을 대상으로 한 구제 활동을 관장하고, 제안서를 쓰며, 회의를 주선하지만, 남성들은 그녀를 핵심 비즈니스에서 밀어냈다. 그녀는 회사가 자기를 인정해 주지 않는다고, 상사가 끔찍한 인간이라고, 일이 따분하다고 불평한다.

나는 그 친구에게 이렇게 충고했다.

"아이들도 다 컸고, 돈도 있고, 남편도 잘 나가고 있잖아. 그렇게 암담하다면 나와버려."

친구는 내가 달나라 여행이라도 권한 것처럼 바라봤다. 그녀는 오래전에 희생양 역할을 받아들였고, 이젠 그런 역할을 편안해했다. 사실회사에서 다른 사람이 그런 역할을 맡기기 전에 친구 스스로 그 역할을 떠맡은 것으로, 이제 사람들은 그녀를 다른 방식으로 볼 수가 없는것이다.

여성 중에는 소극적이고 이용당하는 입장을 그냥 참는 사람이 너무많다. 이것은 최초의 역할 모델인 어머니가 그런 역할을 떠맡았기 때문인 듯싶다.

토요일 아침 늦잠을 자던 시절을 기억하는지? 일어나 보면 아버지는 느긋하게 신문을 읽고 계신 반면, 어머니는 "할 일이 산더미처럼 쌓여 있으니까, 식품점에 가는 길에 발레 교습소 앞에서 내려줄게. 할머니 할아버지가 우리와 함께 주말을 보내러 오신다는데, 저녁 찬거리가 없어서 말이야"라고 투덜대셨다.

"발레 교습에 가야 되겠거든 아버지께 말씀드리렴. 저녁 식사 때 뭘 먹고 싶은지도 아버지께 말씀드리고. 할머니 할아버지 모시러 가는 거 잊지 말라고 한 번 더 말씀드려. 두 분이 우리랑 주말을 보내러 오신다 는데 아버지가 모시러 가야 되거든. 엄마는 점심때 친구랑 약속이 있 어서 간다."

어머니가 이렇게 말하는 걸 들어본 사람이 몇 명이나 될까?

여성들은 불평 불만을 갖고 사는 경향이 있다. 친구와 딸에게 불만 스러운 마음을 털어놓으며 살았다. 하지만 아주 최근까지 그걸 조정하 려고 어떤 조치도 취하지 않고 산 것도 사실이다. 불행한 결혼 생활을 하거나 학대당하며 결혼 생활을 하는 부인들처럼, 우리는 사전 조치를 취하기보다는 오히려 못마땅하더라도 우리가 익히 아는 불만을 껴안 고 사는 걸 더 마음 편해한다.

내가 보기에 여성은 두 가지 태도 중에서 선택해야 한다. 스스로 선 택해서 자기 세계를 꾸려가기, 아니면 다른 사람이 나를 대신해서 선 택하게 하기.

1980년 올림픽에서 전문가들은 미국 하키 대표 팀이 소련 팀에게 패 할 것으로 예상했다. 하지만 아무도 이런 견해를 미국 선수들에게 말 하지 않았고, 선수들은 미국 팀이 세계 최강이라고 믿었다. 마침내 그 들은 승리를 호언장담했고, 여러 차례 그러자 다른 사람들도 그럴 거 라고 믿기 시작했다. 결승전이 벌어진 날, 그들의 신념은 현실로 나타 났고, 결국 미국 대표 팀은 금메달을 땄다.

자기 커리어를 스스로 책임지고 싶다면, 그런 자기 마음이 담긴 메시지를 밖으로 내보내자. 목표를 정하고 혼자 큰 소리로 말해 보자.

"나는 우리 파트를 잘 운영할 수 있다. 아주 뛰어난 성과를 올리고 싶다."

그 일을 잘해 내는 자기 모습을 그려보자. 과연 기분이 어떨까? 어떤 광경일까? 긍정적인 공상을 현실로 만들자. 성공한 사람이 되는 첫걸음은 성공한다고 스스로 믿는 것이다.

02 PLAY LIKE A MAN WIN LIKE A WOMAN

정신적 충족감이 모든 걸 해결해 주지는 않는다

결혼 문제 상담가를 찾아가, 엉망이 된 결혼 생활을 바로잡으려고 도움을 청하는 부부의 이야기를 들어본 적이 있는가? 남편은 말한다.

"도무지 이해가 되지 않습니다. 우린 멋진 집을 갖고 있고, 아이들도 잘 키웠으며, 굉장한 차도 갖고 있어요. 한데 이 사람이 원하는 게 대체 뭔지 모르겠어요."

그러면 아내는 이렇게 대꾸한다.

"난 그저 충만감을 느끼지 못할 뿐이에요."

남편은 난감한 표정을 짓는다. 부인의 말을 이해하지 못하는 것이다.

일에서 충만감을 느끼고 싶어 하는 쪽은 남성보다 여성이다. 평균적인 남성 위주의 보상이―돈, 권력, 특권―여성에게도 똑같이 보상이 되지는 않는다.

현대 여성은 다른 사람들의 요구뿐 아니라 자기 욕구에 주의를 기울여야 한다고 배우고 있다. 그 덕분에 직장에서 자유와 독립심을 새로이 찾는 데 도움을 받는다. 우리가 하는 일은 남편이나 아이들, 부모님에 대한 것이 아니다. 이상적으로 보면, 그 일은 우리 자신에 대한 것이다.

하지만 우리가 이런 변화를 감당할 수 있을까? '커리어'라는 것에서 자신이 무엇을 원하는지 명확하지 않은 여성이 많다. 우리는 이게 커리어가 될지, 아니면 그저 필요한 돈을 버는 일에 불과한지 고민한다. 여기서 진정한 의미를 얻게 될지, 아니면 그저 가족을 즐겁게 해줄 목적으로 그 일을 하는지에 대한 고민에 사로잡힌다. 여성은 어디서 일할 것인가에 대해 끊임없이 내적인 갈등을 한다. 어쩐지 그 길은 생각했던 것처럼 똑바르지 않은 것 같다.

여성은 소위 '성스러운 불만' 속에서 산다. 일은 제대로 찾은 것 같지 않고, 회사 역시 마찬가지다. 이제 영리한 여성이라면 이런 감정 덕분에 방심하지 않게 된다. 이런 불편함 때문에 더 열심히 노력하게 된다. 하지만 그렇다 해도 이런 필요 없는 고민 때문에 결국 에너지를 낭비한다.

대부분의 남성은 실제로 하는 일에 대한 만족감을 그리 중요하게 여기지 않는다. 직위, 특권, 돈 같은 성공에 따라오는 장식품들로 따분하고 불쾌한 일상을 보상할 수 있기 때문이다. 남성은 좋아하지 않는 일을 하는 것을 다른 많은 보상으로 상쇄한다.

다음의 이야기를 잘 새겨보자. 여러 해 동안 대중 연설에 참여하면서 대규모 제조 회사의 CEO를 여럿 만났는데, 모두 같은 이야기를 했다. 회계 부서에서 일을 시작해, 무료한 자리지만 천천히 그러나 확고하게 위로 올라가서 마침내 나이 예순에 영광의 보상을 받았노라고. 늘 탐내던 그 자리를 차지하게 됐다고. 그들은 분명 똑똑하고 정직한 사람들이다. 하지만 매번 그런 이야기를 들을 때마다 나는 몸을 떤다.

이 남성 CEO와는 달리, 우리 여성은 회사에서 내가 좋아하는 부서에서 일하고 싶고, 거기에 오랫동안 남아 있고 싶다. 여성은 남성이 성공의 증거로 여기는 직위나 특혜, 큰 돈벌이를 무시하는 경향이 있다. 여성에게 궁극의 보상은 그저 "내가 하는 일이 아주 좋아"라고 말하는 것 정도일 수도 있다.

염두에 두자. 나의 일을 좋아한다는 것은 내가 궁극적인 승자라는 의미다. 하지만 가는 길 내내 숨어 있을지 모르는 함정을 조심해야 한다. 어떤 게임이든 두 선수가 다른 목표를 바라보고 있다면, 둘이 공을 모는 방식도 다를 테니까.

나와 존 두가 같은 날, 같은 직급으로 직장 생활을 시작했다고 하자. 존은 부자가 되고 싶어 영업부에 들어갔고, 나는 인간 상호간의 행동에 관심이 많기 때문에 인사부에 들어간다. 15년 후, 존은 연봉 25만 달러를 받는 부사장이 되어 있고, 나는 부사장이긴 한데 연봉이 12만 5천 달러밖에 안 된다. 그러면 나는 '내가 뭘 잘못했나?' 하고 생각한다.

하지만 사실은 그렇지 않다. 나와 존이 애초에 다른 목표를 가졌던 걸 염두에 둔다면, 내가 뭘 잘못했나 하고 생각할 이유는 없다. 인사부의 부사장이 된 보상은 전략적인 영업 부서의 부사장이 된 보상과는 다르다. 부사장이란 직위에는 고정된 연봉이 있는 게 아니다. 하는 일이 회사에 기여하는 가치에 따라서 연봉이 책정된다.

하는 일로 돈벌이가 아니라 충족감을 느끼는 쪽을 선택한다면, 남성이 게임을 풀어가는 것처럼 게임을 풀어가지 않을 것이다. 남성은 충만감보다는 물질적인 성공이나 권력에 대해 많이 생각한다. 나 개인적으로는 여성이 일을 생각하는 방식이 마음에 든다. 우리의 견해가 더 성스럽기 때문이다.

하지만 남성 위주의 기업 문화에서 우리의 결정이 경쟁력이 없을 때가 많다는 점은 인식해야 한다. 만약 우리 방식대로 밀고 나간다면 대가를 치러야 된다는 점을 잘 알아둬야 한다.

남성의 규칙에 따라 경기하지 않겠다고 하는 사람이라 하더라도 그 결과는 인식하고 있어야 한다. 우리는 의식적으로 남성이 정한 규칙을 무시하는 때가 많다. 하지만 나는 그 규칙의 안팎을 제대로 안다는 자신이 섰을 때만 그 규칙을 무시한다.

남성 동료가 내 결정이 자기 생각과 반대된다는 것을 알고 팀 플레이 면에서 내가 능력이 부족하다고 생각하리란 점을 알고도 자신이 있을 때만 그 규칙을 무시한다. 그 길을 가려면 많은 것을 알아야 한다.

직장은 여학생 클럽이 아니다

새로 출시된 시디롬 게임 〈스타파이어 축구〉 제조 업자는 그것을 가리켜 "여자 고객을 염두에 두고" 디자인한 최초의 스포츠 게임이라고 말했다. 과연 무슨 뜻으로 한 말인가? 이 게임에서는 공을 차서 골대에 집어넣는 동작만큼 팀원과의 관계가 중요하다. 포장재에는 "승리는 최종 점수에만 달려 있지 않습니다. 우정과 재미와도 관계가 있습니다"라고 적혀 있다.

하지만 남성용 게임은 승리에만 관심을 둔다. 게임 중에 우정은 나오지 않는다. 적어도 게임을 하는 동안에는 그렇다. 게임이 끝나면 그 자리에 관계가 들어선다.

간단히 살펴보자. 여성이 직장이라는 경기장에 들어가면서 관계를 형성해 유지하고자 하는 욕구는 남성보다 훨씬 강하다. 세탁소 주인이랑 얘기하든 슈퍼마켓 계산원이나 상사랑 얘기하든 우리는 세상 사는 이야기를 하고 싶어 하고, 감정을 교환하고 싶어 한다. 상대를 업무상 만난 관계가 아닌 인간으로 만나고 싶어 하는 것이다.

여성이 남성보다 친구를 잘 사귀고, 우정을 지키고, 친구와 가까이 지낸다는 연구 결과가 계속 나오고 있다. 따라서 평생 고객을 만들어 서비스하는 것이 중요한 이 새로운 비즈니스 시대에는 여성이 큰 이익을 볼 수 있을 것이다.

사람들과 어울려 일하는 재능이 있다는 것은, 곧 사람들을 편안하게 하고 신뢰를 얻는다는 것을 뜻한다. 또 상대방의 말을 귀담아듣는 사람임을 의미한다. 사람들이 자주 우리가 알아둘 필요가 있는 것을 이야기해 주는 것을 보면 놀라울 정도다. 여성이 자기만의 대화에서 벗어나 귀를 열기만 하면, 사람들에게서 많은 정보를 얻을 수 있다.

관계를 맺을 줄 아는 기술은 더 큰 성공을 거두는 비결이다. 내가 아는 여성은 남성 지배적인 광고 회사의 최고 자리까지 올라갔다. 그 여성은 전문가적인 재능도 있지만, 그보다 광고주와 대행사 사이에 문제가 생길 때마다(또 회사의 남자 직원들 사이에 문제가 발생할 때마다) 양쪽의 신뢰를 얻는다. 직원끼리 언짢아서 입을 열지 않을 때 그 여성은 훌륭하게 화해 분위기를 조성한다. 이런 독특한 조정 기술 덕분에 그 여성은 회사가 돌아가는 데 없어서는 안 될 인물이다.

하지만 관계에 토대를 둔 처신에는 위험 요소가 도사리고 있다. 예를 들면 여성은 기본 정보를 개인 차원에서 해석하는 경우가 많다. 상관과 복도에서 만나 부서 개편에 대한 내 생각을 한참 얘기하고 있다고 하자. 상관은 내 말을 귀담아듣는 듯하더니 갑자기 실례한다며 자리를 뜬다. 나는 상관이 마음이 바뀌어서, 내 아이디어가 맘에 들지 않나 보다고 생각한다. 사실 상관은 화장실에 갔는데도 말이다.

여성이 직장 생활을 개인화하는 수위가 심해져서, 그 일에 적당한 인물인데도 마음에 안 드는 사람이면 채용하지 않는 경우도 봤다. 또 악감정을 품은 사람과 협조하기를 거부해서, 커리어에 치명타를 자초하는 경우도 봤다.

동료는 친구나 가족이 아니다. 동료는 우리가 선택하는 사람이 아니므로, 내 마음에 들고 안 들고는 중요하지 않다. 그들과 함께 일하면 될 뿐이다. 내가 아는 성공한 사람 중에는 회사 동료 전부와 사교적인 접촉을 전혀 하지 않는 이들도 있다.

비즈니스를 하면서 만나는 사람이 좋은 친구가 될 수도 있고, 함께 일하며 좋은 관계를 맺는 경우도 있지만, 무엇보다 중요한 것은 '일'이다.

개인화하면 문제가 생기기 마련이다. 풋볼 공을 갖고 필드에서 뛰는 사람은 공을 골라인으로 가져가야 한다는 것을 알기 때문에, 상대 선수를 제치고 골라인으로 달려갈 것이다. 상대 팀 풀백을 맡은 선수가 내 친구라고 해서, 슬슬 달려가다 공을 빼앗기는 짓을 저지르지는 않는다.

어릴 때부터 원하는 것을 얻으려면 친구든 선생님이든 부모님이든 다른 사람의 마음을 끌어야 한다고 배우며 자란 여성이 너무 많다. 아버지의 비위를 잘 맞추면, 우리는 소망을 이룬다. 하지만 직장에서 "좋다!"란 반응을 얻는 것은 나의 제안이 좋기 때문이지, 내가 어떤 행동을 하기 때문은 아니다. 나에게 청신호를 켜주는 사람이 사실은 나를 모르는 사람일 수도 있다. 개인적인 관계가 없는 사람이 어떻게 나를 존중할 수 있는지 이해가 되지 않을 때도 있다.

내가 아는 권력자들 중에는, 속으로는 서로 원수지만 회의 테이블에 앉으면 좋아서 죽고 못 사는 사이처럼 보이는 사람들이 많다. 그들의 개인 감정은 문제가 되지 않는다. 그들은 상대가 좋아해 주기를 바라지 않는다. 다만 이기고 싶어 할 뿐이다.

비즈니스하는 방식을 바꾸고 싶다면, 어디서 어떻게 시작해야 할까? 다른 게임에 임할 때처럼 훈련하라. 인위적으로 훈련한다는 게 자연스러운 행동과 감정을 거스르는 것 같겠지만, 일을 개인화하지 않는 연습을 많이 할수록 더 자연스럽게 그렇게 된다. 달리 표현하면, 연습을 함으로써 일을 개인화하지 않게 되는 것이다.

여성은 감정을 숨기도록 훈련받은 상대방과 경기를 펼치고 있다는 점을 알아야 한다. 조 프라이디는 텔레비전 프로그램 〈드레그넷 수사망〉에서 "있는 사실만 말하십시오, 선생"이라는 대사는 절대 하지 않았다. 늘 "있는 사실만 말하십시오, 부인"이라고 말했다. 비즈니스에서 만나는 사람들이 조 프라이디처럼 사실만 듣고 싶어 하는데, 우리가 감정까지 털어놓는다면 그들은 짜증을 낼 것이다.

04 PLAY LIKE A MAN WIN LIKE A WOMAN

여성은 언제나 어머니나 딸, 아내 혹은 정부다

나는 남자 친구들과 섞여 자랐고, 내 딸도 그렇게 성장했다. 여자애가 남자애들과 섞여 노는 것을 사회는 허용하고 심지어 웃어주기까지 하는 상황이다(남자애들이 끼워준다면).

하지만 대개의 청년은 젊은 여성을 가까운 친구로 받아들이지 않는다. 그리고 남자 한 명이 여자들과 섞여 노는 것은 사회적으로 허용되지 않는 분위기다.

성인이 되어 여성과 직장에서 섞여 지내는 시기가 오면, 남자들은 어쩔 줄 몰라하는 경우가 많다. 그래서 의구심이 들면 그는—다른 사람도 다 그렇다—판에 박은 듯 다른 남성과 똑같이 행동한다. 그래서 동료 여성을 어머니나 딸, 아내 혹은 정부로 생각하는 경향이 있다. 동료 여성이 그 네 가지에 전혀 해당되지 않는데도 말이다.

이런 것을 알면 남성의 행동 패턴을 이해하는 데 도움이 된다. 연상의 남성에게 딸 취급을 받는다면, 엄청나게 많은 이익을 볼 수 있다. 다른 직원이 만나지 못할 사람을 만나고, 다른 직원이 가보지 못할 곳에 가보게 될 것이다. 거기서 오가는 대화를 듣고, 비즈니스가 어떻게 돌아가는지 파악할 통찰력을 얻게 될 것이다. 좋은 아버지들이 다 그렇듯 '아빠'가 날 돌봐줄 것이다.

그럼 단점은? 남성은(상관은 말할 것도 없고) 딸을 절대로 동등한 인간으로 생각하지 않는다. 그러므로 몇 년간 좋은 기회를 맛본 후, 딸 역할을 하던 여성은 난감해진다. 그러면 어떻게 할까? 사표를 낸다.

내가 '딸 노릇'을 했을 때는 그렇게 해결했다. 그리고 그때 그만둔 것이 직장 생활을 하면서 가장 잘 옮긴 케이스였다. 그 직장을 그만두기가 아쉬웠지만, 더 이상 올라갈 수 없음이 분명했으므로 회사를 옮겼다. 아주아주 조심스럽게.

염두에 둘 것! 회사를 떠나면서도 아버지 역할을 한 사람의 후원을 받는 것이 중요하다는 사실을 염두에 둬야 한다. 그는 나의 커리어에 스승이자 카운슬러로서 많은 도움을 줄 수 있는 사람이니까. 반항적인 자녀가 가출하듯 달아나지 말 것! 그 사람 덕분에 내가 계속 커나갈 수 있었다는 점을 분명히 하고, 그의 도움을 요청할 것!

'아내' 역할은 네 가지 중 가장 힘든 역할이다. 이 관계에서는 (다소) 동등한 입장으로 인정받을 수 있다. 하지만 남자 동료가 직장까지 끌고 오는 실제 결혼 생활의 짐 때문에 내가 방해를 받아야 되는 게 문제다. 부인이 바가지를 잘 긁는 사람이라면 그 동료는 내가 부인을 연상시키는 단어 몇 마디만 말해도, 집에서 부인에게 하듯이 나까지 입을 다물게 만들어버린다.

친구 줄리의 경험을 예로 들어보자. 줄리는 남자 동료가 하루에 열두 번도 넘게 상관의 사무실에 들락거리면서 새 프로젝트에 대해 질문하는 것을 보았다. 상관은 싫은 내색 없이 일일이 그를 상대해 주었다. 한데 줄리가 같은 정보를 두 번째 구하러 가자, 상관은 "제발 나 좀 내버려두라구. 너무 심하게 닦달하는구먼" 하고 냅다 소리를 질렀다.

줄리는 상관의 고함 소리를 들으면서, 그가 보통 때 부인에 대해 말할 때 쓰던 '심하게 닦달하는'이란 말을 썼음을 알아차렸다. 문득 상관의 심리 구조를 이해하고, 특별히 자기에게 나쁜 감정이 있는 게 아니라고 받아들였다. 줄리는 이 '아내' 역할이 단점도 있지만, 장점이 더 많다고 했다. 예를 들면 상관이 회의에서 줄리의 발언을 막는 경우가 많았다. 줄리가 무슨 말을 할지 훤히 안다고 어림짐작하기 때문이었다.

상관의 이런 태도가 실망스러울 때도 있지만, 줄리는 다른 곳, 다른 시간에 자기 생각을 전달할 수 있음을 알았다. 달리 말하자면, 줄리는 회사식 '베갯머리송사'를 한다는 뜻이다. 상관은 둘이 있는 자리에서 줄리에게 이야기를 한다. 그에 비해 다른 동료들은 의례적인 회의 시간에만 아이디어를 전달할 수 있다.

기본적으로 자기가 다른 사람의 '아내'가 됐음을 안다면, 이익을 볼 기회로 삼을 방법을 생각해 내야 한다. 그렇지 못하면 압박감이 심해져서 결국 '이혼'하게 된다.

'어머니'는 전통적인 역할이다. 한 회사에서 비서로 37년씩 일한 여성, 30년 이상 같은 신문사에서 사회부 부장으로 일한 여기자, 1975년부터 현재까지 같은 직위를 유지한 임원…… 이들은 신입 직원이 입사하면 환영해 주고, 신임 부사장의 자녀가 알맞은 학교에 지원하게 도와주고, 사무실의 불문율을 속속들이 안다. 그리고 규칙 중 절반 정도는 자기가 만들었다.

어머니 역할의 단점은, 어머니들은 권력만 탐내면서 산다는 사실이다. 그들은 비꼼과 조종으로 일을 처리한다. 좋은 점이라면 어떤 상사라도 자기 어머니를 해고하지 못한다는 것. 어머니 역할을 좋아하는 여성이라면 영원토록 할 수 있다. 어머니들은 은퇴할 때까지 안전하고 느긋하게 직장 생활을 한다.

젊고 야심만만한 젊은 여성이 직장에 들어오면, '정부'라는 좀 새로운 역할이 맡겨지곤 한다. 이 경우에는 모험을 감수하면서 결정을 내려야 한다. 그러면 권력 구조에 합류하게 된다. 하지만 대단히 신중을 기해야 한다. 성적인 긴장감이 팽팽한 줄을 타야 하기 때문이다.

우리 중에는 발목이 붙잡히지 않을 만큼 자기를 잘 아는 사람이 드물다. 함정에 걸리면 특히 커리어에 심한 타격을 입게 된다. 일이 잘못되면 명예뿐 아니라 직장까지 잃게 된다(6장 〈02 남성은 성관계를 가질 수 있지만 여성은 그럴 수 없다〉 참조).

힌트 : 남편과 동석한 자리에서 남편의 동료에게 난 그저 '그의 아내'일 뿐이다. 내가 누구든, 무슨 일을 하든 그들은 상관하지 않는다. 몇 년 전, 남편과 함께 《포춘》지가 선정한 500대 기업의 연례 회의에 참석했다. 거기서 남편은 기조 연설을 할 예정이었다.

남편 회사의 CEO는 우리를 자기 테이블로 초대했다. 그래서 우리는 다른 중역들 내외와 함께 자리하게 되었다. 나는 CEO에게 내 소개를 한 후 어떤 일을 하는지 말했고, CEO는 나에게 자녀가 몇 명인지 물었다. 내가 그의 비즈니스에 대해 중요한 화제를 꺼내자, 그는 엉뚱하게도 자기 아내와 내가 같은 색깔의 드레스를 입고 있다고 말했다. 그때부터 나는 '은퇴한 마누라' 역할에만 충실했다.

시간이 흐르면서, 남편의 동료들은 내부 거래 케이스에 대해 토론을 벌였다. 그것은 회사 기밀 사항이었으므로, 기자는 말할 것도 없고 외부인 앞에서는 절대 토론해선 안 되는 주제였다. 나는 양해를 구하고 자리에서 일어났다.

그리고 그 자리를 떠나면서 CEO에게 내 명함을 주었다. 그리고 그날 저녁에는 내가 단순히 중역의 아내로 참석했지만, 그래도 비즈니스계에 몸담은 여성도 많이 있으므로 더 신중할 필요가 있다고 말했다. (다음날 아침, CEO는 내게 장미꽃 한아름을 보냈다. 그리고 그는 나의 분별력 있는 행동에 감사한다면서, 다시는 그런 실수를 저지르지 않겠다고 맹세했다.)

CHAPTER 3

PLAY LIKE A MAN,
WIN LIKE A
WOMAN

게임 준비하기

> "성취한 사람들은 뒤로 물러서지 않고
> 당당하게 일을 받아들인다는 사실을
> 오랜 후에야 깨달았다.
> 그들은 앞으로 나아가 일과 맞섰다."
> — 엘리노어 스미스(조종사, 저술가)

01 PLAY LIKE A MAN WIN LIKE A WOMAN

경기장에 대해 파악하라

체스 게임을 한다고 가정해 보자. 주사위 놀이판을 쓸까? 아니 그렇지 않다. 하지만 은유적으로 말하면, 주사위 놀이판에서 체스를 하겠다고 나서는 여성들이 참 많다.

어떤 게임이든 저마다 동작을 취할 구조화된 장(場)이 있다. 풋볼이라면 100야드 길이의 필드에서 게임이 펼쳐진다. 장기라면 별 패턴이 그려진 장기판 위에서 게임을 한다. 모노폴리 게임은 사각형 둘레를 편도로 따라가면서 게임을 하고, 롤러 더비(롤러 스케이트 단체 경기) 링크는 원형이다. 돌차기 놀이도, 럭비도 각기 경기장이 있고, 우리는 그 경기장에 대해 알아야 한다.

직장이라는 게임 역시 판이나 필드에서 펼쳐진다. 전통적으로 삼각형 내지 피라미드 구조 모양의 경기장이다. 대다수가 맨 밑바닥에 머물고, 위로 올라가면서 자리가 적어지며, 결국 맨 윗자리에는 한 사람만 우뚝 서 있다.

피라미드 구조의 장점은 바닥에서 꼭대기까지 위계가 분명하다는 것이다. 명령을 내리는 사람이 누구고, 명령에 따르는 사람이 누구인지 모두가 안다.

이 구조의 단점은 공개적이고 정직한 피드백을 용납하지 않는다는 점이다. 건설적인 비판보다는 아부가 더 보상을 받는다. 위험 감수는 회피되는 경향이 있다. '예스맨'은 승승장구 출세 가도를 달리는 경향이 있고.

문제는, 우리가 경기판에 대해 다른 감각을 갖고 비즈니스에 들어선다는 점이다. 우리에겐 원의 개념이 더 편안하다. 어릴 적 친구들 그룹을 나타내는 도형이 바로 원이다.

인형집 놀이를 할 때, 우리는 어떤 가구를 어디에 둘지 혹은 어느 방부터 꾸밀지 친구들과 오랫동안 상의한다. 우린 모두 동등하다. 달리 말하면, 인형집 놀이에는 대장이 없다.

모두 다른 친구들과 자유롭게 이야기를 하기에, 원은 열린 커뮤니케이션을 가열시킨다. 인형집 놀이를 하면서 자기는 수동적으로 따라만 가야 된다거나, 자기 의견에 맞장구를 쳐줄 사람이 없다는 느낌을 받는 친구는 한 명도 없다.

하지만 비즈니스 세계에서 원은 문제를 일으킬 소지가 있다. 여성이 권력과 정보를 입력하면서 원형을 도입해 궁지에 몰리는 경우가 자주 있다. 이런 정보는 모두에게 유용하게 쓰일 수 없으므로 불행이 뒤따른다.

"상관은 늘 내게 의견을 말하라고 다그치지만, 의견을 말해도 행동을 취하지 않아. 그러면서 뭐 하러 의견을 말하라는 거야?"

여자 상관에 대한 남자 부하 직원의 이런 불평을 종종 듣는다.

여성에게 가장 기초적인 이슈는 원형이 삼각형보다 유리하냐 그 반대냐가 아니다. 주사위 놀이를 할 때는 주사위판에서 하듯이, 피라미드 구조를 가진 회사에서 일한다면 피라미드 구조에서 경기를 해야 한다는 게 요점이다.

그렇다. 자기를 생명 없는 판에 박힌 나무못으로 생각하고 싶은 사람은 없을 것이다. 하지만 남성은 그런 자기 모습을 별로 상관하지 않는다. 그래서 여성을 나무못으로 표시하면서도 거리낌이 없다. 그들은 여성도 나무못처럼 처신하길 기대한다. 라벨을 붙이면 명확해진다. 부사장이라면 부사장처럼 행동하고, 부사장처럼 말하고, 부사장이 할 일을 하면 된다. 여기에 관계에 대한 이슈는 없다. 이것이 게임판에 대한 이슈다. 우리는 피라미드의 어느 위치에 앉아 있고, 그 위치에 합당하게 행동해야 한다.

내가 아는 여성을 예로 들겠다. 대규모 소비재 회사에서 일하는 그 여성은 신상품에 대한 아이디어가 뛰어나서, 가까운 동료들과 함께 신상품 개발에 많은 시간을 쏟아부었다. 하지만 기획한 상품이 생산품으로까지 이어지지 못했다.

이유? 그 친구가 잠시 멈추고 최종 결정을 내리는 소수 간부에 대해 생각하지 않은 게 그 이유였다. 그들의 후원을 받을 궁리를 하지 않고, 그녀는 오로지 관계가 좋은 자기 집단에만 의지했다. 그녀는 아이디어를 간부 누군가에게 알려두어야 문제가 발생할 경우 바람막이가 되어준다는 점을 전혀 생각하지 못했던 것이다. 결국 그녀의 아이디어는 열매를 맺지 못했다. 아무리 좋은 아이디어라고 해도 의사 결정권을 가진 간부들로부터 호응을 얻지 못하면 아무 소용이 없는 구조를 그녀가 몰랐기 때문이다.

나는 오래전부터 비즈니스 게임에서 가장 좋은 패러다임은 피라미드 위에 놓인 원일 거라고 생각해 왔다. 그렇게 되면 위계가 분명하면서도 전 직원이 서로 상호 반응할 수 있을 것이다.

관계 중심의 사고를 잘 이용할 수 있는 방법을 찾는 것이야말로, 여성이 게임에 도입할 비전이라고 생각한다. 한편 위계 질서 구조가 뚜렷한 조직에서 일하는 사람의 경우, 높은 직위에 올라가 부하 직원들에게 자유롭게 원의 구조를 만들 수 있게 보장해 주는 상황이 된 후에나 원 구조에 대해 생각해 볼 수 있을 것이다.

02 PLAY LIKE A MAN WIN LIKE A WOMAN

팀 문화를 점검하라

몇 달 전까지만 해도 제인은 주요 언론사의 고위직 임원이었다. 거기서 오랫동안 일했고, 업계 안팎에서 실력을 인정받은 여성이었다. 그래서 그 자리를 그만두고 지역의 비영리 조직으로 옮기겠다고 하자, 모두 깜짝 놀랐다. 제인을 잘 아는 사람들은 제외하고 말이다. 가까운 사람들은 오히려 그녀가 이렇게 시간이 많이 흐른 후에야 회사를 옮긴다는 데 의아해했다.

제인의 이슈는 이랬다. 제인은 아주 강한 정치적 견해의 소유자였는데, 회사의 입장은 그녀의 견해와 대조적이었다. 봉급이 많고 회사 내에서 막강한 권한을 행사했지만, 자기의 믿음과 회사의 기조를 분리시킬 수 없어 늘 마음이 불편했다. 이제 제인은 수입은 적지만, 존경하는 단체에서 일하게 되어 즐거워한다.

회사의 가치관이 일자리만큼이나 중요하다고 느끼는 사람이 많다. 솔직히 나 자신도 내가 믿지 못하는 회사에 소속되어 일한다는 것은 상상할 수도 없다.

한데 남자들은 일을 구획을 지어 분리하듯(5장 〈09 문제를 작게 생각하라〉 참조), 인생도 분리한다. 이건 내 급여다, 이건 내 일이다, 이건 내 가족이다, 이건 내 신뢰 체계다, 하는 식으로.

하지만 여성은 이걸 하나로 묶어서 염려한다. 우리는 인생의 모든 것이 다 제대로라고 느끼고 싶다. 봉급만 괜찮거나 권한이나 특혜만 괜찮은 게 아니라 모두 다. 성공하려면, 자기가 일하는 곳이 마음 편하게 생각되어야 한다. 면접을 보러 들어가면서, 이곳이 다음 관계를 맺을 수 있는 곳인지 판가름해 보아야 한다. 여자 친구, 남자 친구, 친척 등과 관계를 맺으며 살듯이, 이곳이 이 다음 내가 관계를 맺게 될 곳이라는 관점에서 따져봐야 한다.

고용주가 될지 모르는 회사를 놓고 자신에게 물어보자. 이 회사는 내가 관계를 맺을 수 있다고 느낄 만한 일을 하는가? 이 회사의 이미지가 마음에 드는가? 이 회사가 표방하는 정신을 나 역시 지지하는가?

오래전 내가 연봉 2만 7천 5백 달러를 받던 시절의 이야기다. 당시 나는 할리우드 토크쇼를 제작하는 자리를 제의받았다. 연봉은 12만 5천 달러였다. 그것은 협상하기도 전에 그쪽이 먼저 제시한 액수였다. 너무 많은 액수라서 얼마나 큰 돈인지 가늠하기조차 힘들었다. 하지만 토크쇼의 내용이 워낙 형편없어서, 생각할수록 돈의 매력이 줄어들었다.

좋아하지 않는 일을 해봤자 2류 작품밖에 못 만들 것임을 알기에 나는 그 제의를 거절했다. CNN에서 암담한 순간을 경험하지 않았던 것은 아니지만, 하루 일과가 끝나면 그날 무슨 일이 있었든 간에 내가 하는 일, 우리 회사가 내세우는 기치가 정말로 자랑스럽다. 대중 앞에서, 혹은 나 자신에게 분명히 그렇게 말할 수 있고, 또 그게 진실임을 분명히 안다.

기업 문화가 직위 자체보다 중요하다. 좋아하는 곳에서 평균적인 일을 하는 것이, 싫어하는 곳에서 이상적인 일을 하는 것보다 훨씬 행복할 것이다.

또 마음이 편한 곳에서 더 행복할 것이다. 여성은 일반적인 관계에서 맡는 역할을 직장에서도 그대로 떠맡는 경향이 있다. 자기가 어떤 사람이 될 것인지에 대해 생각해 보자. 미운 오리새끼가 될 것인가? 누이가 될 것인가? 아니면 노처녀 고모? 철부지 딸? 믿을 수 있는 막역한 친구? 일반적으로 직장 밖에서 맺는 관계를 보면, 그 사람의 직장 생활이 어떨지 알 수 있다.

하지만 가족과 달리 직장에서는 선택의 여지가 있다. 새로 갈 회사를 찬찬히 점검해 보자. 그곳이 내가 좋아할 만한 관계를 제공해 줄 것인지 자문해 보자. 하루가 멀다 하고 만나고 싶은 사람들인가? 나 개인적으로는 면접을 보러 사무실에 들어갈 때 대충은 분위기를 파악한다. 여성들이 하나같이 검은 투피스에 프릴 달린 흰 블라우스, 높고 뾰족한 힐을 신고 있으면 나는 그 회사를 나온다. 여직원들이 그런 차림을 한 직장에서는 결코 편안할 수 없기 때문이다. 그 사람들이 어떻게 하든 나는 불행해지기만 할 테니까.

마찬가지로, 나는 직장이 문을 열고 일하는 방침을 믿는 사람이다. 그래서 동료들이 문을 닫고 일하면 화가 난다. 내가 보기에 문을 닫고 일하는 것은 "우린 공유하지 않는다"라고 밝히는 경영 스타일이다. 그러니 복도를 쭉 걷다가 모두 문을 닫고 일을 하면, 나는 출구로 나와버린다.

앞으로 상사가 될 사람의 사무실 분위기가 마음에 드는지 살펴보자. 매력적인가? 그곳에 들어가면 편안한가? 사람들이 개인 사무실을 가지고 있는가, 아니면 큰 방에서 함께 일하는가? 혹시 건물 외관이 너무 흉해서 1주일에 5~6일씩 거기에 들어간다는 것을 상상만 해도 마음이 갑갑한가?

내가 아는 한 여성 임원은 중요한 직위로 오라는 제의를 받고도 거절했다. 매일 아침 세상에서 가장 흉한 공장 단지로 차를 몰고 들어가지 못하겠다는 게 그 이유였다.

대기업이 많은 요즘도 회사 나름의 특성이 있다. 제너럴 일렉트릭의 경우 CEO인 잭 웰치와 그의 가치관이 회사 문화를 결정한다. 또 AT&T에서는 마이클 암스트롱이, IBM에서는 루 거스트너가 문화를 결정한다. 오프라 윈프리는 하포 Inc.의 문화를 좌우한다. 소규모 회사에서도 CEO에 의해 문화가 결정된다.

그 문화를 벗겨보도록. 관계를 잘 맺는 기술을 이용하면 된다. 면접을 하는 사람은 대개 비서를 두고 있다. 이 여성과 관계를 맺으면 된다. 면접을 보러 가면 대기실에서 기다리는 시간이 있기 마련이므로, 다른 여성이 회사나 일, 상사에 대해 어떻게 느끼는지 알아보면 된다. 내가 면접을 할 때면 비서가 먼저 지원서를 갖고 들어와 엄지손가락을 위로 들거나 아래로 내려서, 지원자에 대한 자기 생각을 표시한다.

안내를 맡은 직원은 이름표를 달고 있기 마련이다. 그걸 이용해 안내 여직원의 관심을 끌자. 그 직원은 아마 음료를 마시겠느냐고 물을 것이다. 그러겠다고 하도록. 대개의 여성은 사양한다. 상대 여성이 심부름꾼처럼 느낄까 봐 거절하지만, 음료를 대접하는 것은 그 사람의 업무다. 물심부름하는 소년의 일이 물을 길어오는 것과 다름없다.

안내 직원이 커피를 갖다 주면 고맙다고 인사하자. 거기서 관계를 맺을 기회가 생긴다. 사실 나도 그 커피를 얻어 마시기까지 몇 년이 걸렸음을 인정한다. 요즘은 홍차를 좋아하기에 좀 다르게 대응한다. 상대가 커피를 마시겠느냐고 물으면, 나는 뜨거운 물만 갖다 달라고 부탁한다. 그리고 여직원에게 티백은 걱정하지 말라고, 핸드백에 넣어왔다고 말한다. 그렇게 되면 늘 대화가 시작된다. 그 여직원이 홍차를 즐기는 사람인 경우도 있고, 그녀의 어머니가 그렇다고 말하는 경우도 있다. 당장 관계가 형성되지 않았는가!

복도를 쭉 걸어보자. 사람들이 행복해 보이는가? 다정한 얼굴인가? 그 회사 사람이 내 타입인가? 건물의 카페테리아나 라운지에 잠깐 들러서 주위 사람들의 대화에 귀를 기울여보자. 사람들이 불평이 많은가? 처참한 표정을 짓고 있는가? 저들과 점심 식사를 함께하고 싶은가?

대개의 여성이 다른 중요한 환경을 결정할 때는 시간과 노력을 많이 들인다. 예를 들어 자녀를 학교에 보낼 때면, 그 학교에 대해 모든 것을 알고 싶어 한다. 교실은 잘 갖춰져 있는지? 학생과 교사의 비율은 적당한지? 평판이 좋은 학교인지? 수십 명의 학부모에게 이런저런 것을 묻는다. 휴가 장소를 알아보느라 몇 달을 보내는 여성도 있고, 집을 사려면 아예 그 집 앞에서 캠핑을 하다시피 한 후에야 결정하는 여성도 있다.

일터와 맺는 관계 역시 생활에서 가장 중요하게 손꼽히는 것이다. 직장을 선택할 때는 숙제하듯 꼼꼼히 알아봐야 한다.

03 PLAY LIKE A MAN WIN LIKE A WOMAN

팀을 위해 선택된다는 것을 명심하라

얼마 전 한 친구에게 아들 이야기를 들었다. 친구의 아들은 고교 농구 팀에 들어가려고 노력했다. 한데 급우들에 비해 키가 아주 작아서, 코치에게 슛 동작을 보여 키를 만회할 실력이 있음을 입증해야 했다. 친구의 아들은 차고에 농구대를 설치하고 2년 가까이 하루 몇 시간씩 연습을 했다. 그의 전략은 들어맞았다. 드디어 가드 자리를 얻어냈으니 말이다.

그날 저녁 식탁에서 그가 그 소식을 가족에게 알리자, 아버지는 흐뭇해했다. 하지만 여동생은 비꼬는 듯한 표정—어느 집이나 여동생만이 지을 수 있는—으로 오빠를 쳐다보면서 "나 같으면 나를 데려가고 싶어 하지 않는 팀엔 안 들어갈 텐데"라고 말했다.

이런 종류의 경험을 직장 면접에도 적용해 볼 수 있다. 벤치에 앉아서 경기에 투입되기를 기다리는 기분이 어떤지 아는 보통 남성이라면, 자기를 팔 준비를 하고 면접장에 도착한다. 그의 행동 하나하나가 "자, 코치 선생님, 저를 경기에서 뛰게 해주세요"라고 말한다.

한편 대부분의 여성은 평생 주목받고 싶은 소망을 갖고 살았다. 우리는 데이트든 수업에서 발표하도록 지명받든, 기다리는 게 더 예의바른 처신이라고 배웠다. (남학생이 교실에 함께 있을 때보다 없을 때 여학생이 손을 두 배로 들었다는 연구 결과는 놀라운 일이 아니다.) 여성은 남성처럼 자기를 파는 방법을 배우며 성장하지 못했다.

하지만 직장 면접에서는 자기를 팔아야 한다. 그것도 갖고 있는 것은 뭐든 동원해서 팔아야 한다. 첫 직장이라 이렇다 할 경력이 없어서, 조직적이고 열심히 일하는 사람이라는 것밖에 내세울 게 없어도 말이다. 면접관에게 내가 얼마나 정확한 사람인지 알려야 한다.

어디 가나 남성-여성을 가르는 판에 박힌 사람들을 만날 테니, 경계해야 한다. 면접이 시작되기 전 염두에 둘 사항이 있다. 시간 엄수가 바로 그것이다. 남성 역시 우리 여성처럼 지각을 한다. 하지만 우리 문화에서 여성은 할 일이 너무 많아 늘 시간을 조절하지 못하는 반면, 남성은 그런 일이 별로 없어서 진부한 변명을 둘러댈 필요가 없다.

거짓말로 얼버무리지 말도록. 나는 사고를 당해서 늦었다고 둘러대는 사람은 믿지 않는다. 사고를 당한 사람이 저렇게 근심 없는 얼굴로 내 앞에 앉아 있을 수 있을까? 그리고 진짜 사고를 당했으면 병원이나 경찰서에 가 있어야 마땅하지 않은가.

문제는, 여성이 판에 박힌 태도로 행동하면 상대방에게 허용되지 않는다는 것이다. 그 판에 박힌 태도가 상대의 신경을 건드리면 상황은 더 나빠진다. 예를 들어, 면접관의 아내가 늘 약속에 늦는 사람인데 내가 약속보다 10분 늦게 면접 장소에 나타났다면, 그는 남자 지원자가 똑같이 늦었을 때보다 더 화를 낼 것이다.

좋은 전략은 이런 것이다. 사전에 미리 예비 조사를 하라. 길을 잃지 않도록 사전에 미리 면접 장소에 가보도록. 부근의 교통 체증이 심한지 미리 살펴보자. 또 건물에 들어갈 때 안전 점검을 받는 시간이 긴지, 주차 공간이 넓어서 주차가 수월한지 미리 조사하자.

또다른 사항은 걸어 들어가는 태도다. 남자애들이 하는 게임은 신체의 힘을 개발하게 하지만, 여자애들의 게임은 안 그렇다. 그래서 남성은 방에 성큼성큼 들어가서 반듯하게 앉는다. 그 모습이 당당해 보인다.

그렇다고 면접 장소에 풋볼 선수처럼 힘차게 들어가라는 말이 아니고, 연약하게 보이지 말라는 뜻이다. 자신감과 신체의 건강함을 보여줄 방법을 찾도록. 동작 하나하나가 다 중요하다. 악수를 하는데 손이 축축하고 힘이 없다면, 내가 그런 사람이라고 말하는 것과 같다.

어느 날 한 방송사의 앵커우먼이 인터뷰하러 찾아왔을 때 나는 악수의 중요성을 다시 한 번 느꼈다. 그 여성은 인사를 하면서 손을 내밀어 내 손을 꼭 잡았다. 그리고 나는 곧 그 여성과 아주 자연스럽게 이야기할 수 있었다. 그녀가 인터뷰에 정신을 쏟고 있음을 느낄 수 있었다.

악수할 때 상대방의 손을 힘없이 잡는 여성이 많다. 신체의 힘을 보여주는 것이 편안하지 않아서 그런 게 아니라, 남자의 손을 잡은 경험이 주로 데이트하면서이기 때문일 것이다. 애인의 손을 잡을 때 여성은 보통 수동적이고, 심지어 복종적인 태도까지 보이니까.

사람을 만나면서 상대방을 똑바로 쳐다보는가? 여성은 겸손하라는 교육을 받기 때문에 상대방을 똑바로 쳐다보지 않는다. 게다가 관계 속에서 훈련받기 때문에 예의 없는 짓인 것 같아 다른 사람의 얼굴을 똑바로 보는 것을 피한다.

혹은 진실을 보기가 두려워서 그렇기도 하다. 우리는 어머니로부터 남자의 눈을 보면 그가 나를 사랑하는지 알 수 있다는 얘기를 듣고 자랐다. 면접관과 눈길을 마주치지 않는 것은 '틀렸다'는 것을 아는 게 두렵기 때문이라고 털어놓는 여성이 많다.

면접을 하다 보면 아주 좋은 사람도 만나고 형편없는 사람도 만나기 마련이라는 사실을 염두에 둘 것! 그게 직장 생활의 현실이니, 상대방의 태도를 보고 내가 잘못했다고 믿을 이유는 없다. 만일 대화가 끔찍하게 흘러가면, 이 회사는 나한테 맞지 않는다고 말할 수 있을 것이다.

나를 훑어보는 그 사람은 팀에 차별화를 가져올 사람을 찾는다. 현재의 약점을 보완해 줄 능력을 지닌 사람을 구하는 것이다. 면접을 보면서 편안함과 자신감을 분명히 보여주면, 상대는 내가 그 일을 잘해낼 수 있으리라고 믿는다.

기본적으로 직장 생활 자체가 한 번의 긴 면접이고, 따라서 지금 면접을 잘하는 법을 배우는 편이 좋다.

게임 요령: 여성은 그 자리를 얻기 위해 남성보다 영리해야 한다고 생각하는 경우가 많지만, 너무 영리하게 구는 것도 현명하지 않다. 수십 가지의 지적할 사항으로 무장하고 면접을 보러 가면, 지식을 과시하는 데 정신이 팔려서 진짜 대화는 듣지 못하게 될 것이다.

전략에 맞는 옷을 입어라

일할 때의 복장 면에서는 남성이 수월하다. '정장'이라는 기본 유니폼이 있으니까. 남성이 미래의 상관에게 선보이러 가면, 상관이 될 사람은 그의 복장에는 별로 신경을 쓰지 않는다는 뜻이다. 상관이 될 사람은 그의 성품과 악수하는 태도, 이력서에만 관심을 쏟는다. (CNN 앵커들의 경우 바꿀 수 있는 옷은 오직 넥타이뿐이라는 농담을 자주 한다.)

하지만 여성의 경우 옷차림이 많은 것을 대변해 준다. 차림새는 나에 대한 많은 것을 보여준다. 다른 사람들에게 끈기 있게 일하는 사람으로 보이고 싶은가? 인습 타파주의자로 보이고 싶은가? 창의력 넘치고 사교적이며 안정감 있는 사람으로? 아니면 보수적이고 우유부단하고 수줍은 사람으로? 옷차림은 이 모든 이미지를 나타낼 수 있는 수단이다. 그래서 경영진이라는 사다리 위로 올라갈수록 차림새는 자산이 될 수도 있고, 손해가 될 수도 있다.

옷차림이 기본적으로 전달해야 하는 메시지는 '내가 적당한 인물'이라는 것이다. 나는 뛸 준비가 되어 있다, 나는 목표를 달성하기에 적당한 차림을 하고 있다…….

일단 팀에 들어가면, 개인적으로 편안한 차림을 찾아야 한다. 나는 오랫동안 원피스를 즐겨 입었지만 지금은 바지 정장을 선호한다. 덕분에 낮 시간 동안 재킷을 벗고 일할 수 있다. 하지만 아무 일도 없는 날 불시에 중요한 회의가 열릴 경우에 대비해 블레이저(금빛 단추가 달린 재킷)를 준비해 둔다. 특별히 주머니가 큼직한 블레이저를 좋아하는데, 핸드백을 갖고 가고 싶지 않은 경우에는 주머니에 지갑과 신분증을 넣을 수 있기 때문이다. 비즈니스계에서 핸드백은 좀 어울리지 않는다.

내 의복 역사는 여성 커리어의 역사를 반영한다. 내가 아는 아주 똑똑한 여성은 도저히 성공할 수 없다. 과체중인데, 몸매를 감추기 위해 히피 스타일의 헐렁한 옷을 입는다. 회사는 교묘하게 그녀를 힘있는 자리에서 제외시키고, 외부 인사와의 회의에도 참석시키지 않는다. 그녀와 상관들의 거리가 멀어질수록, 그녀는 점점 더 옷 속에 숨는다. 그녀의 두려움은 먼저 옷차림에서 드러나고, 그 옷차림이 미래를 예언하게 된 셈이다.

내가 아는 캘리포니아의 어느 금융 회사 영업이사는 돈은 많이 벌었지만 자기가 원하는 만큼 승진하지 못했다.

이유는 이렇다. 그녀의 옷차림이 매력적이긴 하지만 너무 꽉 조인다는 것! 몸매가 좋은 것은 잘 보여주지만, 임원으로서 적당한 차림은 아니다. 그녀는 가까이 있으면 남자 동료들이 불편해할 정도의 옷차림을 하고 다닌다. 그녀의 남자 동료는 내게, 그녀와 단둘이서는 업무상 저녁 식사도 할 수가 없다고 털어놓았다. 자기 부인이 어떻게 생각할지 걱정스럽기 때문이라는 것이다.

여성은 옷차림을 전략으로 이용할 수도 있다. 수임료를 많이 받는 여성 변호사는 어려운 협상일수록 더 여성스럽게 차려 입는다고 한다.

상대방이 그녀가 끈질기다는 사실을 잊어버리게 하기 위해서다. 하지만 평소 사무실에서는 기본적으로 바지 정장 차림을 한다. 회사 임원들에게 능력 있는 선수임을 보여주고 싶어서다.

사다리를 높이 오를수록, 개인 취향에 맞는 스타일을 취하기가 쉬워진다. 매들린 올브라이트 국무장관은 늘 옷깃에 큼직한 핀을 달고 다닌다. 그녀의 옷차림의 특색인데, 개인적인 스타일과 함께 내각 최고위직의 이미지를 깨지 않으면서 여성스러움을 나타내기 위한 목적일 것이다.

기본 원칙은 팀에 알맞은 차림. 하지만 개인적으로 편안한 범위 내에서 자신 있고 창의적인 차림을 한다. 옷차림은 내가 나를 어떻게 생각하느냐뿐만 아니라, 내가 어떻게 되고 싶은가를 세상에 알리는 수단이다.

게임 요령 1: 좋든 싫든 옷차림은 기분을 반영하기 마련이다. 뚱뚱한 옷, 낙심한 옷, 화난 옷을 가진 사람이 많다. 나는 마음이 무거울 때면 멋없는 차림을 한다. 그건 실수다. 여성이 옷을 제대로 갖춰 입지 않으면, 사람들은 그 인생도 똑같이 비조직적이라고 판단하는 경향이 있다.

게임 요령 2: 텔레비전에 출연할 때는 쨍그랑대는 팔찌와 달랑이는 귀고리 등 시선을 분산시키는 것은 다 피해야 한다. 그런 액세서리는 상대방의 정신을 흐트러뜨리고 싶을 때만 필요하다. 지금까지 직장 생활을 하면서 그러고 싶었던 적은 한 번도 기억나지 않는다. 인생에서 중요한 회의를 주재할 때는 가장 멋진 모습으로 앉아 있어야 한다. 그때 정교하게 만든 보석을 달고 있다면, 사람들이 처음 기억하는 것도 최후에 기억하는 것도 그 보석일 것이다.

05 PLAY LIKE A MAN WIN LIKE A WOMAN

뚜렷한 비전과 전략을 세워라

얼마 전 서부 지역에서 강연회를 했다. 강연이 끝난 후 청중 한 명이 내게 와서 자신의 7년 계획을 이야기했다. 그는 자기가 지금은 매니저급에 불과하지만, 3년 내에 부사장이 되고 그후 4년이 지나면 선임 부사장이 될 거라고 말했다. 그러면서 내게 장래 계획이 뭐냐고 물었다.

내가 아는 계획은 저녁 식사를 간단히 할 예정뿐이라고 말해 주었다. 일부러 엉뚱하게 대꾸한 게 아니었다. 난 3년, 5년, 10년 단위의 계획은 세우지 않는다. 앞으로 며칠 내에 내게 일어날 일을 말한다면, 그저 '세상살이가 좋다' 정도다.

계획을 세우면 안정감을 얻을 수 있다. 손에 잡히는 목표가 생긴다. 종이에 적을 수도 있고 자기 마음을 다질 수도 있다.

"지금으로부터 2년 후면 나는 중요한 직위에 오르고 연봉 7만 5천 달러를 벌 거야. 지금부터 4년 후면 나는 대단한 직위에 오르고 연봉

15만 달러를 벌 거야. 7년 후면 어마어마한 직위에 오르고 연봉이 두 배로 뛰면 좋겠어. 보너스도 두둑이 받고."

하지만 정확한 목표와 몇 개년 계획을 가진 사람을 보면, 과거 공산주의의 심각한 단점이 떠오른다. 융통성 없는 목표가 새로운 가능성을 차단한다는 것이 바로 그것이다. 어떤 커리어에도 완전한 직선은 없다. 지그재그로 가기도 하고 사선을 긋거나 뒤로 돌아가기도 한다.

훌륭한 선수는 순발력 있게 대응하는 능력을 가진 사람이다. 특별한 목표에 이르는 특별한 계획은 그런 능력을 제한한다. 지원서를 내지도 않았는데 멋진 새 직장을 얻은 여성이 있다면, 그런 계획을 세우지 않은 케이스일 것이다. 내가 몇 단계 계획을 세우느라 분주할 때 그 여성은 모험을 감수하고 순간적으로 다가온 기회를 잡은 것이다.

멋진 커리어는 사다리의 칸칸을 올라가는 것으로 성취되지 않는다. 사다리를 한 칸씩 오르고 있다면, 사다리 오르기는 영원히 끝나지 않는다. 오르고 싶은 곳에 올라가지 못한다. 모든 회사에서 스타로 부상하는 사람은 대단한 성과를 보인 사람이거나 적과 당당히 싸운 사람, 둘 중 하나다. 스타는 미래를 기다리지 않는다. 그들은 미래를 스스로 만들어낸다.

좋은 전략을 세우고 비전을 가져야 한다. 목표는 가능성을 차단하지만, 비전은 가능성을 창출한다. 자기가 원하는 것과 다다르고 싶은 곳에 대해 기본 감각을 갖춘 다음, 그 자리에 있는 자신을 그려보려 애써야 한다. 남성은 그렇게 한다. 건물에 들어서는 순간부터 CEO 자리에 앉은 자기 모습을 그린다. 우리 사무실의 남자 직원은 누구나 CNN 사장을 꿈꾼다. 하지만 여직원은 그렇지 않다. 자기가 아는 여성 중 가장 높이 올라간 자리에 앉는 정도만 꿈꾼다. 유감스럽게도 여성으로 CEO 에 앉은 사람은 거의 없다.

비전을 갖는 것은, 그 비전을 실현화할 수 있는 기회가 오면 모험을 감수한다는 것을 의미한다. 거기에는 가망성이 없는 부서로 옮기는 것부터, 모두 겁내는 새 프로젝트에 합류하는 것까지 다 포함된다.

내가 가진 비전이 현실과 보조가 맞는지 점검해야 한다. '스미스클라인 비챔'이라는 대규모 제약 회사의 CEO인 잰 레스클리의 이야기를 들어보자.

젊은 시절 테니스 스타였던 레스클리는 윔블던 테니스 대회의 중앙 코트에서 경기하는 게 목표였다. 그는 목표 달성을 위해 열심히 연습했고, 마침내 중앙 코트에서 로드 레이버와 경기를 갖게 되었다. 레스클리는 사람들이 레이버에 대해서는 들어봤지만 자기에 대해서는 못 들어봤을 거라고 말했다. 졌으니까. 그의 비전은 윔블던 중앙 코트에서 이기는 게 아니었다. 그냥 거기서 경기해 보는 거였지.

비전을 갖는 것만으로 다 해결되지는 않는다. 선택의 폭이 좁아지지 않도록 비전을 계속 조절해야 한다.

내 개인적인 직장 생활의 목표는 일에 대해 좋게 생각하고, 성장하고, 헌신에 대한 적절한 보상을 받는 것이었다. 일을 잘하는 부분에서는 성공하리라 짐작했다. 성공을 거두지 못할 일은 하고 싶지 않았다. 쿼터백에게 공을 받으면, 터치다운을 할 수 있을지 의심하지 말아야 한다는 것을 오래전에 배웠다. 점수를 낼 거라고 짐작해야 한다.

"왜"라고 물으면서 하루를 보내지 말고, "왜 안 돼?"라고 물으면서 하루를 보내야 한다는 것을 배우자.

CHAPTER 4

PLAY LIKE A MAN,
WIN LIKE A
WOMAN

스코어
계속 점검하기

> "'암, 이만하면 성공했지. 이젠 낮잠이나
> 자면서 지내야겠다'라고 말할 수 있는
> 시점은 없다."
>
> — 캐리 피셔(배우, 저술가)

　여기 몇 해 동안 대형 회사의 부회장직을 맡아온 제니스라는 여성이 있다. 제니스는 업계에서 여성을 강력하게 후원하는 사람으로, 그녀의 부서에는 다른 부서보다 훨씬 여직원이 많다.

　제니스는 여성으로서는 대단히 성공한 축에 끼이지만, 모르는 사람이 그녀의 부서에 가보면 아무도 그렇게 생각하지 않는다. 제니스 밑에서 일하는 여직원들은 회사 내 비슷한 지위의 다른 부서처럼 널찍한 사무실을 차지하지 못했다. 또한 다른 부서처럼 사무 보조원을 많이 두고 있는 형편도 아니다.

　상관들이 제니스를 무시해서 그러는 게 아니다. 제니스는 사무실 크기나 사무 보조원 수가 중요하다고 생각하지 않기 때문에 그런 것을 요구하지 않았다. 좁은 공간이 훨씬 편하게 느껴지기 때문에 넓은 사무실을 달라고 회사 측에 요구하지도 않았던 것이다. 제니스는 좁은 공간이 자기 이미지와 어울린다고 생각했다. 사무실 복도를 오가는 외부인들은 넓은 옆방을 쓰는 남성 부사장이 더 중요한 인물이라고 생각한다는 것을 제니스는 미처 몰랐던 것이다. 사실은 그렇지 않지만, 내부 사정을 모르는 외부인들이 그걸 어떻게 알겠는가?

남성에게는 모든 게 중요하다. 사무실 규모, 팀의 직원 규모, 봉급 액수 등 수치로 측정할 수 있는 것은 뭐든 다 중요시한다. 그리고 그들은 언제나 스코어에 신경을 쓴다.

테니스 코트에 들어선 남성들을 지켜보라. 게임을 시작하기에 앞서 "잠시 공을 주고받으면서 몸을 풀자"는 여성들과는 달리, 남성들은 곧장 게임에 들어간다. 결국 그들의 목표는 이기는 것이다. 누가 앞서는지 모르고서는 이길 수 없다.

임직원에게 주어지는 혜택을 누리는 것도 옷차림과 마찬가지다. 혜택을 누리면 업무상 관련 있는 사람들에게 나를 드러낼 수 있다. 혜택을 누리는 모습이 내가 힘이 있는 사람인지 아닌지 보여주기 때문이다.

우리가 일을 제대로 해냈을 때, 상관이 일솜씨를 칭찬하고 거기에 맞게 봉급을 인상해 주면 여성은 만족감을 느낄 것이다. 하지만 우리가 나서서 직원이나 스톡옵션, 여러 가지 특혜, 자동차, 클럽 회원권, 의견 발표 기회 보장 등을 요구하지 않으면 그런 것을 얻을 수 없다.

몇 년 전 내가 승진했을 때, 남자 동료가 내가 그때까지 대형 차 유지비를 받았는지 소형 차 유지비를 받았는지 궁금해했다. 나는 차량 유지비를 받는 제도가 있다는 것조차 몰랐다는 사실을 그에게 밝히지 않았다. 그리고 당장 차량 유지비 보조 제도에 대해 알아보았다. 나 정도 직급은 누구나 오래전부터 차량 유지비를 받아왔다는 사실을 알고 경악했다.

일단 그 문제에 대해 신경을 쓰게 되자, 나는 대형 차 유지비를 달라고 분명하게 요구했다. 회사에서는 주저하지 않고 나의 요구대로 해주었다.

가끔 내가 보기에 하는 업무도 명백하지 않은 젊은 남성들의 사무실에 들어가 보면 너무 잘 꾸며져 있어서 깜짝 놀랄 때가 있다. 그런 사무실을 차지하는 것은 그 젊은 남성이 게임을 풀어가는 방법을 잘 알기 때문이다.

혹은 그 남성을 잘 봐주는 상관이 그를 근사하게 보이고 싶어 하기 때문인 경우도 있다. 재주가 좋은 상관이라면 자기 팀의 젊은 직원이 권력을 휘두르는 사람으로 보이도록 신경을 쓴다. 그래야 그의 상관인 자기도 막강한 권력자로 보이기 때문이다.

최근에 한 남성 임원이 연봉 인상이 되었고, 내 사무실 부근에 새 사무실을 주겠다는 약속을 받아냈다. 그의 상관은 새 사무실의 크기가 협소하다며 공간을 넓히기 위해 작은 사무실 두 개의 벽을 허물어서 사무실 하나로 만들어주었다.

이런 '벽을 허물어 넓은 사무실 꾸며주기'가 여성에게는 적용이 되지 않는다. 여성 스스로가 넓은 공간을 차지하고 과시하는 것을 탐욕스러운 태도로 보기 때문이다. 더 나쁜 것은, 우리가 제 몫을 차지하려는 시도를 하지 않을 때 다른 여성들의 동조를 얻는다는 점이다.

내가 여자 친구들이랑 커피 라운지에 앉아서, 나와 세 남자 직원이 새 사무실을 얻게 되었는데, 네 곳 중 한 곳만 다른 곳에 비해 떨어지는 사정이라고 이야기한다. 세 남성은 단도직입적으로 좋은 사무실을 차지하겠다고 나선다고 전하면서 "정말 왜들 그리 이상하게 구는지 몰라. 내가 작은 사무실을 쓸 생각이야. 사무실에 좋은 그림 몇 개 걸면 괜찮겠는데 왜들 그럴까"라고 말한다. 내 말에 다른 여성들은 전적으로 동의한다.

여성이 친구들에게 "난 떡 버티고 서서, 모두 항복시키고 애초에 내 차지였어야 마땅한 것을 얻고 말았지!"라고 말하는 장면은 도저히 상상할 수 없다. 만약 그 여성이 그렇게 한다면 친구들은 '저 친구가 완전히 돌았구나'라고 생각할 것이다.

옳은 일을 할 때 업계의 여성 동료들에게 큰 후원을 얻는다. 남성들이 옳지 않은 일을 할 때는 특히 여성 동료들의 지지가 큰 힘이 된다. 하지만 이런 지지가 '언제나' 도움이 될까?

남성은 늘 누가 앞서고 누가 뒤처졌는지 점검하지만, 우리 여성은 그런 점검은 하지 않는다. 즉, 그들이 목표를 달성하는 반면, 우리는 패자로 인식될 수도 있다는 뜻이다. 우리가 '난 일을 잘하고 있으니까 성공했다는 증표 따윈 필요 없어'라고 생각하는 반면, 남성들은 '이런, 저 여자는 스코어가 뭔지 모르는군'이라고 생각한다.

게임 요령: 구내 식당에서 여럿이 커피를 마시는데, 갑자기 새로운 프로젝트에 대한 영감이 떠올랐다고 하자. 나는 함께 커피를 마시는 사람들에게 그 이야기를 한다. 내가 부주의하게 아이디어를 털어놓는 데 반해 맞은편에 앉은 남자 동료는 그 아이디어를 메모한다.

그랬다가 다음번 아이디어 회의 때, 나는 그 남자 동료가 내 아이디어를 마치 자기 아이디어인 양 멋지게 설명하는 장면을 멍하니 지켜볼 수밖에 없다.

그가 파울 플레이를 했다고? 그렇지 않다. 직장에서는 심판을 바라보면서 "타임아웃!"이라고 외칠 수가 없다. 타임아웃 따윈 없다. 내가 말하고 행동하는 모든 것이 게임의 일부다. 이것은 내가 스코어를 챙기지 않은 반면, 남자 동료는 스코어에 신경을 쓴 한 가지 예일 뿐이다.

꾸미는 것으로 스코어 지키기: 내가 아는 여성은 똑똑하고 아주 열성적이어서 회사에서 꽤 성공을 했지만 그녀가 일하는 사무실을 보면 성공한 여성으로 보이지 않는다. 사무실에서 현재 쓰는 가구가 마음에 들기 때문에, 새로 은색 책상과 검은 가죽 의자와 멋진 장식장으로 방을 다시 꾸며주겠다는 상관의 제의를 거절했다. 익숙하지 않은 공간에서 일하기 싫기 때문에, 다시 칠을 하거나 카펫을 바꿀 때가 되었다는 회사 측의 제의도 사양했다. 하지만 그녀와 직급이 같은 남자 임원들은 새로 칠한 창이 큰 사무실을 차지하고 있다.

그녀는 집안 살림도 그런 식으로 한다. 중고 상점에서 괜찮아 보이는 가구를 사들여, 직접 다시 칠하고 손봐서 쓴다. 그래서 예산 안에서 살림을 아주 잘 꾸려간다.

그녀가 최고위급 경영진으로 승진하지 못하고 비틀대는 것은 놀라운 일이 아니다. 다른 임원이나 외부 거래처 직원들과 회의를 할 때마다, 그녀의 사무실이 너무 좁기 때문에 다른 사람의 사무실을 사용해야 한다. 즉, 그녀는 자기 책상에 앉아 권력이 있는 사람처럼 보이면서 회의를 주재할 기회를 놓치고 있는 것이다. 사람들은 그녀를 이상한 사람이라고, 뭐든 모으는 쥐처럼 고물 가구를 잔뜩 쌓아놓고 있는 여자로 생각하기 시작했다.

만약 그런 말을 듣게 되면 그녀는 상관들이 회사 돈을 절약해 주는 자기에게 고마워해야 한다고 말할 것이다(그녀가 절약해서 큰 돈이 아껴진 것은 사실이지만, 회사의 재정 규모로 보면 미미한 액수다. 그녀 부서의 전체 예산 중 100분의 1에도 못 미치는 액수니까).

나의 경우, 늘 재활용 가구를 쓰는 실수를 저지르며 회사 생활을 했다. 회사 창고에 훌륭한 중고 가구가 쌓여 있는 마당에 새로 구입한다는 게 어처구니없는 일 같았다. 나 자신은 돈을 낭비하지 않는 좋은 직원이라고 생각하지만, 회사 직원 누가 나의 절약 정신을 알아주거나 신경을 쓸지 의심스럽다.

이 글을 쓰다 보니, 나도 사무실을 꾸밀 필요가 있다는 사실을 깨닫게 되었다.

CHAPTER 5

PLAY LIKE A MAN,
WIN LIKE A
WOMAN

게임 풀어가기
성공하기 위한 열네 가지 규칙

"여성은 티백과 같다. 뜨거운 물에 집어넣기
전에는 그녀가 얼마나 강한지 알 수 없다."
— 엘리노어 루스벨트(전 퍼스트 레이디, 사회개혁가)

　여러 해 전, 생일이 다가오자 나는 남편에게 근사한 선물을 받으리라는 환상을 품었다. 그해 겨울은 무척 추워서 로맨틱해진 나는 싱그러운 꽃다발을, 특히 내가 제일 좋아하는 장미 꽃다발을 받을 꿈에 부풀었던 기억이 난다. 그러나 생일날 내가 받은 선물은 텔레비전과 헤드폰이었다. 그래서 남편이 스포츠 게임을 보는 동안, 나는 내가 좋아하는 프로그램을 마음대로 볼 수 있게 되었다.

　공정하게 따져보면, 남편은 그 선물을 고르고 사느라 시간과 돈을 많이 투자했고, 내가 마음에 들어할 거라고 잔뜩 기대했다. 어쨌든 내가 꽃다발같이 낭만적인 선물을 받고 싶다는 말을 남편에게 하지 않았으니까 내 마음을 알았을 리 없다.

　이 대목이 키포인트다. 나는 남편에게 말하지 않았다. 다만 '그이가 정말 나에게 신경을 쓴다면 내가 말하지 않아도 내가 원하는 것을 알 거야. 옆구리 찔러서 절 받기 식으로 말을 해서 받는 것은 싫어'라고 생각했다.

어떤 세미나에 참석하든 강연할 때 이 이야기를 하면 여성 청중은 누구든 고개를 끄덕인다. 여성이라면 누구나 그런 감정을 아는 듯하다.

이제 이런 감정을 비즈니스에 적용해 보자.

지금 나의 목표가 파리 주재원이라고 하자. 상관이 1년간 프랑스에 사무소를 개설할 거라고 얘기했다. 파리 근무는 나의 꿈이다. 내가 전략에 관심을 기울이지 않는다면, 나는 이런 식의 전략을 세울 것이다. 유럽 여행을 얼마나 좋아하는지 애매하게 얘기를 흘린다. 프랑스어 학원에 등록해서 다니고 있다고 말한다. 또 프랑스 요리에 관심이 점점 커지고 있다고 이야기한다.

우리 부서에서 그 누구보다도 열심히 일하는 내가 이런 식으로 의사 표현을 하는 반면 다른 방에서 근무하는 남자 직원은 상관의 방에 당당하게 들어가, 자기가 파리 주재원으로 최적의 인물임을 주지시킬 것이다. 그러면 상관은 그를 파리 주재원으로 임명할 것이다.

내가 반발하면 상관은 솔직하게 "그 자리에 가고 싶어 하는지 몰랐네"라고 말할 것이다. "제가 그렇게 많이 힌트를 드렸는데도 눈치 채지 못하셨어요?"는 대꾸치고는 형편없는 대꾸다.

게임은 남성에게 원하는 것을 추구하라고 가르친다. 어떤 게임에 임하든 상관없이, 그들은 목표를 분명히 정해서 성취하려고 노력하지 않으면 이기지 못한다는 것을 안다.

그러면 내가 파리 주재원 자리를 얻으려면 어떻게 해야 할까?

남성의 방식으로 접근할 필요는 없다. 다음과 같은 식으로 접근해 보자.

1. 남성이 게임을 풀어가는 방식과 내가 게임을 풀어가는 방식의 차

이를 이해한다.

2. 당분간은 남성의 게임 방식이 받아들여진다는 점을 인정한다.

3. 내 방식을 바꾸고 싶은지 결정한다.

다음의 열네 가지 규칙은 남성의 방식으로 게임을 풀어서 이길 수 있게 해줄 것이다. 각 항목에는 시나리오와 그런 상황에 직면했을 때 남성과 여성이 보이는 전형적인 태도가 제시되어 있다. 그리고 고려해볼 만한 것들을 덧붙였다.

01 PLAY LIKE A MAN WIN LIKE A WOMAN

원하는 것을 당당하게 요구하라

> 상황 : 파리 주재원 자리가 비어 있다(위에서 설명한 상황).
> 남성의 태도 : 요구한다.
> 여성의 태도 : 암시를 한다.

단도직입적으로 말하면, 원하는 것을 얻는 방법은 오직 요구하는 것뿐이다.

당연하다고? 하지만 연봉이 대폭 인상되기를 바라면서 연봉 협상

자리에 앉은 여성들이 약간의 인상안을 제안받은 경험을 많이 듣는다. 그들은 실망하고, 때로는 속았다는 느낌도 받는다. 자기가 뭘 잘못했는지 의심해 보기도 한다.

하지만 그들이 맞대놓고 반대 의견을 말할까? 아니다. 솔직하게 자기 의견을 밝히는 대신 상관에게 "감사합니다"라고 말한다. 그리고 다른 사람에게는 불만을 털어놓는다.

〈제리 맥과이어〉에서 "나한테 돈을 보여주시오"라는 유명한 대사가 남성의 대사인 것은 우연한 일이 아니다.

나중에 상관은, 이 여자 직원이 참으로 예의바르다고, 여자 직원이랑은 일을 처리하기가 수월하다고, 두 사람이 연봉 협상을 하는 시간이 즐거웠다고 인정할지 모른다. 하지만 상관이 연봉을 많이 인상해 주는 직원은 들어와서 많이 달라고 요구하는 남자 직원이다.

오랜 세월 나는 많은 여성이 성공하고 많은 여성이 실패하는 것을 지켜보았다. 성공한 이유는 여러 가지지만, 실패한 이유는 몇 가지 범주로 묶어볼 수 있다. 그리고 그 실패 이유의 맨 윗자리 항목은 '노(no)'라는 말의 의미를 이해하지 못해서가 차지한다.

여성은 '노'라는 말을 "절대 안 돼!"라는 말로 믿게끔 사회화된다. 그래서 부정적인 대답이 짐작되는 경우에는 아예 요구를 하지 않는 경우도 자주 있다.

하지만 남성에게 '노'는 "안 돼", "글쎄", "나중에" 등 여러 가지 의미를 가질 수 있는 말로 인식된다.

남성은 어린 나이에 '노'가 절대적인 대답이 아니라 상대적인 대답—완전한 거부가 아니라 일시적인 거절—임을 배운다. 그래서 남성은 '노'의 원래 의미가 완전한 거절이 아니라는 것을 안다. '노'라는 대답을 들었다고 해서 자기가 원하는 대로 나아갈 수 없고 다음에 시도해 볼 수 없는 게 아니다. 그저 지금 당장은 그렇게 할 수 없다는 것일 뿐이다.

마찬가지로 남성이 어떤 팀에 들어갔는데, 코치가 게임에 나가게 해주지 않으면, 나중에 어떤 선수가 부상당하거나 파울을 많이 저질렀을 때 그는 코치에게 가서 말한다.

"저, 코치님, 제가 할 수 있습니다! 한 번만 기회를 주세요!"

남성은 우호적이지 않은 대답을 들을 것이 염려되는 상황이라도 일단 나서서 질문을 한다. 그래서 '노'라는 대답을 들으면 어깨를 으쓱하고 자기 사무실로 돌아가, 그 대답을 놓고 씨름을 벌인다. 그 다음에는 '노'를 '예스'로 바꿀 수 있는 계획을 짠다. 그들은 '질문을 할 적기가 아니었어. 적당한 방식으로 질문하지 못했어. 적절한 단어를 사용하지 못했어'라고 생각한다.

말에 대한 개인의 반응은 말 자체가 갖는 힘에서 나온다고 한다. 나는 '노'를 개인적인 거부로 받아들이는가? 아니면 새로운 정보의 일부로 받아들여, 그 정보를 갖고 작업을 해야 한다는 식으로 받아들이는가?

여성은 어떤 상황을 개인화하기 때문에 '노'라는 대답을 들으면 자기의 능력에 대한 코멘트라고 받아들인다. 그리고 '노'라고 말한 상관과 자기의 관계가 실패했다고 생각해 버린다. 그 결과는? 여성은 시도 자체를 중단한다. '노'라는 말을 여성의 방식으로 정의 내려보면, "절대로 안 돼. 어떻게 감히 그런 걸 요구해?"다.

문제: 거부당할까 봐 겁이 나기 때문에 내가 원하는 것을 분명하게 요구하지 않는다.

해결법: 누군가 나에게 '노'라고 대답할 때 일어날 수 있는 최악의 경우를 상상해 보자.

아무리 상상해도 최악의 비극은 아니다. '노'라는 대답을 들었을 때 일어날 일은 치명적인 상처가 아니라, 그저 뒤로 한 발 물러나는 것뿐이다.

따라서 나는 이렇게 충고하고 싶다. 말하라. 자기 사무실에서 큰 소리로 말해 보라. 요구 사항을 소리내어 전달하기 전에는 아무 일도 일어나지 않는다.

여성은 안으로만 끙끙 앓다가 속상해하는 쪽으로 기운다. 그렇다. 내가 원하는 바를 요구하지 않으면, 거절당하지도 않을 거고 당황하는 일도 없을 것이다.

그렇다. 요구 사항을 감추고 있으면 안전하게 느껴질 것이다. 그렇다. 원하는 바를 말하지 않으면 실패할 염려가 없다. 하지만 그와 동시에 성공할 수도 없다.

그러니 벽을 보고 공표하자. "나는 전략 영업 부서 부사장이 되고 싶다"라고. 창에 대고, 천장과 책상에 대고 큰 소리로 말해 보자.

이제 등을 기대고 앉아서, 이것이 진정 내가 원하는 것인지 결정하자. 나는 '그래, 나는 훌륭한 부사장이 될 거야'라고 생각하거나 '아니, 난 그 일을 싫어하게 될 거야'라고 생각할 것이다.

나는 우리가 말하는 그대로 살게 된다고 굳게 믿는다. 총지배인이 되는 첫걸음은 총지배인인 내 모습을 그려보는 데서 시작된다. 그리고 그렇게 큰 소리로 몇 번이고 계속 말하는 데서 시작된다. 마침내 그 생각이 편안해질 때까지 계속 반복하라. 그러면 나는 바로 그 모습이 된다.

02 PLAY LIKE A MAN WIN LIKE A WOMAN

입 밖으로 말을 꺼내라

> 상황 : 상관을 포함해서 직원 열댓 명과의 회의.
> 남성의 태도 : 최신 정보를 완전히 소화하지 못하면서도 어떤 내용을 지적할 때마다 잘 아는 듯이 말한다.
> 여성의 태도 : 내용을 95퍼센트만 확신하기 때문에, 어떤 참석자보다 많이 알면서도 발표를 해야 할지 말아야 할지 계속 망설인다.

앞에서 말한 것처럼 남성은 마음 편하게 자기 의견을 제시한다. 어릴 적부터 의견을 밝히도록 요구받고, 큰 소리로 발표하라는 압력을 받는다. 옳은 답을 말하면 보상을 받고, 틀린 답을 말하면 그래도 시도했으니 잘했다는 칭찬을 받는다.

이 모델을 사무실 현장으로 가져가 보자. 우리는 남자 직원이 상상할 수도 없는 이상한 아이디어를 발표하면서도 아주 자신에 차 있는 모습을 본다. 그들이 완성되지 않은 의견이나 이제 막 시작 단계인 계획을 그럴듯하게 발표하면 우리는 힘이 빠진다. 남성은 자기가 내놓은 좋은 아이디어만 사람들에게 기억된다는 사실을 잘 안다. 나머지 95퍼센트는 쓸모없게 되지만, 몇 가지 좋은 아이디어는 그를 제왕으로 만들어준다는 사실을 염두에 두고 있는 것이다.

남성은 말을 많이 한다. 그러나 여성은 충분히 말하지 않는다. 꽤 고위직의 임원조차도 그렇다. 이런 점을 고려해 보자. 내가 CNN의 편집 이사 회의를 주재하기 때문에, 우리 방송의 게스트 연사와 허물없는 점심 식사를 할 직원을 선택할 재량권이 내게 있다. 그런 오찬 모임의 손님으로 미하일 고르바초프 같은 세계적인 인사에서 마야 앤젤로우 같은 작가에 이르기까지 다양한 유명 인사가 초청된다.

여러 해에 걸친 내 경험에 의하면, 여성은 묻고 질문하는 상황에서 말을 별로 하지 않는다. 만약 어떤 여성이 말을 하는데 남성이 동시에 말을 하기 시작하면, 그 여성은 곧 입을 다물어버린다. 결국 나는 여성에게 한 가지 질문이라도 하지 않으면 다음 회의에 초대받지 못한다는 기본 원칙을 세웠다.

이제 여성은 말해야 되기 때문에 말을 한다. 그리고 멋진 질문을 던진다.

이 이슈와 관련해서 살펴보면, 남자아이들은 여러 가지 게임과 스포츠를 하면서 성장하므로 지는 방법도 배운다. 그들은 뒤로 물러서는 것은 당분간의 상황이며, 누구든 다시 컴백할 수 있다는 것을 안다. 또 회의에서 엉뚱한 이야기를 해도 그걸로 세상이 끝나지 않는다는 사실도 잘 알고 있다.

반면 여성은 실수를 하거나 체면이 깎이면 실패한 것으로 느낀다. 우리에겐 성과가 비장의 무기이므로, 자기가 하는 말을 100퍼센트 확신하지 않으면 한마디도 말해서는 안 된다고 생각한다.

문제 : 입 밖으로 말을 꺼내지 않으면 내가 거기에 있는지 아무도 모른다.

해결법 : 주변 환경을 찬찬히 연구한 다음 거기에 맞게 처신하라.

예를 들어, 내가 회의에 참석하고 있다면 다른 사람들의 반응과 상호 작용을 관찰한다. 그들이 웃는가? 농담을 하는가? 먹는가? 그들이 진지한가, 아니면 긴장을 풀고 있는가? 다른 사람들이 상관의 견해를 전적으로 따르는가, 아니면 각자 자기가 상관인 것처럼 행동하는가? 사람들이 모두 목소리를 높여 견해를 말하는가, 아니면 상관 혼자 말하는가?

회의마다 각기 다른 문화를 갖고 있다. 그 분위기를 파악하고 거기에 맞게 행동하는 것은 내 책임이다.

자신있게, 강력하게 말하라

상황 : 상관은 두 가지 짧은 프레젠테이션을 듣는 데 10분밖에
할애하지 못한다.

남성의 태도 : 5분 내에 큰 소리로 분명하게 보고한다.

여성의 태도 : 들리지 않는 소리로 거의 15분에 걸쳐 보고한다.

경쟁이 심한 게임을 할 때는 잡담을 늘어놓을 시간이 없다. 어떤 남
성이 농구 코트에서 게임을 하는데, 경기 종료까지 5초밖에 남지 않았
다고 하자. 그의 팀이 1점 뒤지고 있는 상황에서 공을 갖고 있다. 코치
가 그를 부른다. 코치는 그에게 게임의 역사라든가 작년에 팀을 맡았
던 코치에 대해 어떻게 생각하는지 따위는 묻지 않는다. 코치는 상황
에 따라 그가 해야 할 일을 분명히 설명할 뿐이다.

남성은 여성이 사무실에서 말할 때 너무 소심하게 말한다고 혹은
회피하거나 우회한다고 평한다. 또는 너무 자신 없게 말한다고 평
한다.

《포춘》지 선정 500대 기업의 어느 여성 임원에게 동료들은 '질문 좀
해도 될까요, 레이디'라는 별명을 붙여주었다. 그 여성은 명쾌하게 질
문을 잘하지만, 꼭 묻기 전에 "질문 좀 해도 될까요"라고 말하는 습관

이 있다.

이것은 최악의 전략이다. 물어도 될지 묻지 말라. 그냥 물어라.

여성은 자기 마음을 마지못해 밝히도록 배웠다. 또 "방해해서 죄송하지만……"이라든가 "대단히 바쁘신 것은 알지만……" 같은 식의 어휘를 사용하도록 배웠다. 어떤 문장이든 '……만'으로 시작된다.

우리가 말하려는 것에 대해서 사과할 필요가 있을까? 말해도 좋은지 허락을 구하는 것은 힘있게 공표를 하는 게 아니라 조건을 붙이는 것이다. 조건을 붙이는 말에는 힘이 담기지 않는다.

사과조나 완곡 어법을 사용하는 수준은 벗어날 수 있다고 해도 여전히 음량의 문제가 남는다. 아직도 비즈니스 회의에서 여성이 너무 나직이 말해서, 회의 참석자들이 그 말을 잘 알아들을 수 없는 경우가 허다하다.

이것은 어느 정도는 배워서 익힌 행동 형태로 볼 수 있을 것이다. 남성처럼 강하게 말하도록 격려받지 못한 데서 나타나는 결과인 것이다. 하지만 집에서 아이들을 조용히 시킬 때 보면, 여성이 결코 목소리를 크게 내는 능력이 부족하다고는 볼 수 없을 듯하다.

강하게 말하는 것은 큰 소리로 말하거나 나직이 말하는 것과는 관계가 없다. 이것은 효과적으로 목소리를 내는 법을 배우는 것과 관련된 문제다. 목소리가 작은 사람도 강력하게 들리도록 말할 수 있다. 이것은 내가 말할 권리를 가졌다고 믿기만 하면 가능한 일이다.

내가 지적하는 사항을 다른 사람이 듣지 못한다면 커리어는 쌓이지 않는다. 혹은 내가 30분에 걸쳐 뛰어난 아이디어를 말했는데, 다른 사람이 그 내용을 더 강력하게 발표한다면 점수를 따는 쪽은 내가 아닌 그 사람이다. 내가 그 내용을 확실히 지지해서 거기에 힘을 실어야만 그것은 내 아이디어가 된다. 내가 말하는 것을 아무도 모르면, 나는 점수를 따지 못한다.

문제: 말하는 태도가 불분명하고 약하다.

해결법: **무엇보다 쓸데없는 단서와 조건을 붙이지 않고 자신감 넘치는 태도로 말해야 한다.**

그렇다고 남성처럼 말해야 한다는 뜻은 아니다. "내가 요구하는 대로 하지 않으면 발길질을 해주겠다"라는 식으로 말할 필요는 없다. 하지만 힘을 싣는 방식으로 말하는 법을 연습할 필요는 있다.

꼭 그래야 한다면 집에 가서 빈 벽에 대고 말을 걸자. "이만하면 충분해", "오늘처럼 이렇게 되고 싶지 않아", "더 이상 회의에서 제외되는 일은 당하지 않겠어"라고 말해 보자. 방에 누가 있다면 그 사람에게 똑똑히 들릴 정도로 큰 소리로 말해 보자.

여성은 자신의 견해를 소극적으로 말한다. 나직이, 그리고 힘이나 권위를 싣지 못하고 소심하게 말한다. 얼마 전, 뛰어난 지식을 가진 두 여성과 함께 토론회에 참가한 일이 있었다. 그 두 여성은 너무 주저하는 목소리로 말을 해서 빛을 발할 기회를 잃었다. 다른 사람들은 그들의 말을 귀담아듣지 않았다. 반면 한 남성은 강력한 태도로 견해를 발표했다.

사실 진짜 전문가는 두 여성이었지만, 결국 추후 질문 공세를 받은 사람은 그 남성이었다. 나중에 두 여성은 이번에도 남성들이 회의를 주도했다고 불평을 했다. 하지만 나는 그들의 얘기에 동조하지 않고 '당신들 책임'이라고 분명히 말해 주었다.

여성은 누구나 프레젠테이션 기법 강좌를 들어야 한다. 멋진 백핸드를 구사하려고 테니스 레슨은 받으면서도 권위를 실어서 말하는 화법을 익히기 위해서는 의욕적으로 조치를 취하지 않는다. 피터 제닝스와 탐 브로카우가 태어날 때부터 앵커맨처럼 말하는 능력을 타고났다고 생각하는가?

다른 사람을 시켜 내가 말하는 장면을 비디오로 촬영하게 해서 테이프를 모니터해 보자. 이것이 힘든 일이라는 것은 나도 잘 안다. 카메라 촬영 대상이 되는 것은 쑥스러운 일이다. 하지만 나는 열댓 번쯤 촬영을 해봤다. 테이프를 볼 때마다 배우는 게 있기 때문이다.

물론 목소리를 완전히 바꿀 수는 없다. 하지만 훈련을 하면, 목소리가 더 힘있고, 비즈니스 상황에 맞게 효과적으로 바꿀 수 있다. 목소리는 피아노나 바이올린 같은 악기다. 성공하려면, 거장처럼 목소리를 연주해야 한다.

적극적으로 자신을 PR 하라

상황 : 회장이 월례 사무실 순회를 하고 있다.

남성의 태도 : 사무실 밖으로 나가서 자기소개를 하고, 최근 진
행 중인 프로젝트에 대해 보고한다.

여성의 태도 : 내가 일을 뛰어나게 처리하고 있으므로, 회장이
내가 누군지 알 거라고 믿고 사무실에 그대로 앉아 있는다. 중
요한 것은 실적이라고 생각하면서.

내 친구 대부분은 성장하면서 좋은 집에서 살았다. 부모님은 유복하
셨고 좋은 차를 갖고 계셨다. 우리는 가까운 친구들 외에는 아는 사람
이 없었지만, 가끔 옆 동네에 사는 여자애를 끼워주기도 했다. 그애는
우리와 비슷했는데, 어느 날 그애 집에 가본 후에야 우리보다 훨씬 큰
집에서 산다는 것을 알았다. 우리 집보다 정원이 두 배는 넓었고, 차도
세 대나 되었다. 우리는 그애가 엄청난 부잣집 딸이라는 사실을 서서
히 느끼게 됐다.

그애는 그 사실을 힘들여 숨겨왔음이 분명했다. 과시하고 싶지 않아
서였을 것이다. 부모님은 우리를 모두 동등하다고 믿게 키웠다. 나에
게 관심이 쏠리게 하지 않는다는 뜻이다. 만약 우리 친구 중 한 명이

어떤 방식으로 드러나면 — 학교에서 상을 탔다든가 새 원피스를 입었다든가 하는 식으로 — 친구들은 참 잘했다, 참 예쁘다고 이야기해 주는 게 당연했다. 그런 칭찬을 받으면 기분이 좋았지만, 겉으로 드러낼 수는 없었다.

남자애들의 게임은 어떤 식으로든 드러나도록, 대담하게 앞으로 나아가도록 가르친다. 드러나지 않으면 어떻게 코치가 알아보겠는가? 코치에게 이미 필드에 나가 있는 선수들이 나보다 훨씬 더 능력이 뛰어나다고 중얼거려서는 경기에 투입될 수 없다. 그래서 남자애들은 과장하고 뽐내고 허풍떤다.

비즈니스에서도 마찬가지다. 앞으로 나서는 것이 눈에 띄는 것이다. 상관들에게 자기가 얼마나 일을 잘하는지 확실히 보여주는 여성이 눈에 띈다.

내가 이룬 성과가 좋은 점수를 받게 하는 것도 일솜씨의 일부다. 그렇다. 회사는 경리를 잘 보라고 나를 고용했다. 하지만 나를 고용한 이유에는 진행되는 대화에 참여해 이야기를 하라는 것도 포함돼 있다. 그것은 새 프로젝트에 대해 의논하거나, 오랜 문제의 해결책을 찾을 때 내가 가진 정보를 보태라는 뜻이다.

내가 얼마나 재능이 뛰어난 사람인지 얘기해 주지 않는다면, 내가 기발한 아이디어를 가진 사람이라는 것을 상관이 어떻게 알겠는가?

문제 : 스포트라이트를 받으면 마음이 불편하다.

해결법 : 내가 하는 일을 모두 파악하고 있는지 확인하자. 손을 내밀고 자기소개를 한다. 내가 명석하고, 일을 제대로 하고 있으며, 그 분야의 최고임을 모든 사람에게 알리자.

하지만 남성이 하는 방식을 취할 수는 없다. 남성은 자기 자랑을 하고도 무사히 넘어갈 수 있다. 하지만 여성이 자기 자랑을 하면, 남녀 가릴 것 없이 그 여성을 무례하고 뻔뻔하다고 생각한다.

자신에게 편안하고 회사 문화 안에서 제대로 통할 자기 PR 방법을 배워야 한다. 그러므로 우리는 나나 동료의 마음을 불편하게 하지 않는 한도 내에서 자기 PR 방법을 찾아내야 한다.

대부분 가장 좋은 PR은 관계의 맥락 안에서 이루어진다. 회의석상에서 벌떡 일어나 나를 과시하기보다는 개인적인 방법으로 견해를 표현할 방법을 찾는다.

요령 1 : 상관에게 내가 맡은 프로젝트의 진행 상황을 시시때때로 알린다. 2주에 한 번쯤 메모를 보내서, 상관에게 내가 프로젝트의 중요한 멤버임을 은근히 일깨워준다. 과장하지 말도록. 영리하게 처신하라. 우리 팀이 하고 있는 일을 자세히 설명하면서 나를 과시하지 않는다. 모두가 이룬 좋은 성과가 내게 반영되게 한다. 보고할 좋은 성과가 있으면, 희소식을 가장 먼저 알리는 당사자가 되도록 노력한다. 상관이 기민한 사람이라면, 내가 핵심 선수라는 것을 알면서도 우리 팀의 공을 칭찬할 것이다.

요령 2: 새로 부임한 사장이 사무실 복도를 지나가면 나가서 내 소개를 한다. 하지만 거기서 멈추지 않도록. 모두에게 내 소개를 한다. 엘리베이터에 있는 사람들, 복도를 지나는 사람들, 주차장에서 만난 사람들에게도 내 소개를 한다. 먼저 인사를 했는데 나보다 직급이 낮은 사람이면 어떻게 하느냐고 걱정할 필요는 없다. 그 사람이 누굴 아는지, 앞으로 어떻게 될지, 혹시 나를 지원해 줄지 누가 알겠는가.

요령 3: 회사 회식에 참가할 때는 아는 사람끼리만 얘기하다 오지 말자. 자연스럽게 소개를 하면 중요한 일로 이어지기 쉽다. 어떤 부서장이 새로운 프로젝트를 맡았는데, 세 사람 중 한 명을 데려가라는 지시를 받았다고 하자. 세 사람 다 모르는데 그의 부하 직원이 "저번 회식 때 잭키를 만났는데 정말 똑똑하던데요"라고 말한다. 혹은 부서장 자신이 '잭키라면 회사 야유회 때 얘기해 본 그 직원이 아니던가? 능력 있는 사람 같던데'라고 생각할 수도 있다.

여성은 가벼운 대화의 선수들이다. 그러니 가벼운 대화를 나누자. 회사 가족 야유회에서 어떤 사람을 만났는데 말을 어떻게 꺼낼지 모를 경우에는, 그의 딸이 달리기를 아주 잘한다고 말하면 된다. 혹은 그의 아들이 야구를 프로 선수처럼 잘한다고 말하자. 혹시 '이런 식으로 사람과 알고 싶지는 않다'라는 생각이 든다면 '처음에 그렇게 알게 되면 왜 안 되느냐?'라고 묻고 싶다. 남성은 가족에 대한 칭찬을 들으면 좋아한다. 내가 그들의 자녀를 칭찬한다고 해서 거짓말을 하는 것은 아니다. 관계를 시작하는 것뿐이다.

직관을 이용하자. 말을 거는 사람에게 어떤 대화가 효과적일지 가늠해 본다. 자녀 이야기를 하고 싶어 하지 않는다는 생각이 들면, 여름 휴가 계획이라든가 그가 받은 직업 훈련, 새 차 같은 화제를 꺼낸다.

요령 4: 대부분의 대기업은 사보를 발행한다. 회사에서 사보를 낸다면 자원해서 글을 투고하자. 혹시 사보 팀에서 우리 부서에 대해 기사를 쓰고 싶어 하면 쑥스러워하지 말자. 사보 기자를 불러서 부서 직원에게 인사시킨다. 회사 직원 모두 사보를 읽을 테고, 내가 하는 일에 대해 더 잘 알게 될 것이다.

게임 요령: 큰소리치는 것과 밀접한 관계가 있는 것은 허세를 부리는 것이다. 이것은 여성에게는 함축하는 바가 많은 개념이다. 우리 여성은 도덕을 지키고, 신뢰할 수 있는 사람이 되라고 배우며 자라지 않았던가? 아는 것보다 더 많이 아는 체하는 여성은 드물다. 여성은 다르게 처신한다. 우리는 자기가 하는 일을 완벽하게 확신하고 싶기 때문에, 허세를 부리기보다는 과도하게 준비하기를 더 좋아한다.

남성은 어릴 때 해본 모든 게임에서 허세 부리는 법을 배운다. 하지만 인형 놀이나 소꿉장난에서는 허세를 부릴 수가 없다. 이런 놀이는 이기고 지고와는 무관하기 때문이다.

좋든 싫든, 일을 잘하는 데는 PR이 필요하다. 언제든 어떤 일이든 전혀 모르는 분야가 있기 마련이다. 그런데 겁에 질린 표정을 지어서는 상대방에게 확신을 줄 수 없다. 그런 이유 때문에 임원들은 포커 페이스(무표정한 얼굴) 정책을 이용한다.

친구를 사귀리라 기대하지 말라

> 상황 : 새 동료가 옆방으로 들어온다. 그 여성은 쾌활하고 협조적이지만, 동료와 친구가 되는 데는 관심이 없다는 점을 분명히 한다.
>
> 남성의 태도 : 상관하지 않는다.
>
> 여성의 태도 : 상처를 받는다. 죄책감을 느낀다. '내가 뭘 잘못해서 그녀가 화를 내는 걸까?'라고 생각한다.

요즘 전국의 학교에서 여학생들에게 운동 경기를 하도록 독려한다는 사실을 알고 호기심이 생겨, 동부의 작은 대학에서 축구 팀 선수로 뛰는 여대생과 스포츠에 대해 이야기를 나누었다. 그녀도 운동을 아주 잘하는 여학생이었고, 그 대학의 축구 팀도 성적이 썩 좋았다. 하지만 지난주 대학 축구전 여학생부 경기에 참가한 그 여학생은 충격을 받았다.

"상대 선수들이 너무 못됐어요. 그들은 오로지 이길 목적으로만 경기를 해요. 물론 우리 팀도 이기면 좋죠. 하지만 우리가 경기를 하는 것은 서로 멋진 시간을 함께하기 위해서잖아요."

상황이 변하고 있다. 아주 천천히. 몇몇 대학의 체육 프로그램에서,

여학생들에게 이기기 위해 게임하라고 가르치고 있긴 하지만, 널리 퍼진 태도는 아니다. 승리를 강조하는 것은 여전히 남성의 개념이다. 남성은 친구를 사귀기 위해 경기하지는 않는다.

남성들이 흥분되는 풋볼 경기를 끝내고 나서 야단법석을 떨며 "진짜 멋진 놈들을 상대 팀으로 만나 신나는 주말 한때를 보냈어. 물론 진 것은 좀 아쉽지만 말이야"라고 말하는 것을 들어본 적이 있는가?

경쟁이 치열한 스포츠가 우정과 관계없듯이, 일도 우정과는 관계가 없다. 남성은 비즈니스는 비즈니스고, 개인적인 것은 개인적인 것임을 분명히 안다. 남성은 일과 관련된 문제를 놓고 의견이 일치하지 않는다 해도, 비협조적이라거나 의리가 없다는 식으로 상대방을 보지 않는다. 금요일에는 한판 설전을 벌이지만, 토요일에는 어울려 맥주를 마실 수 있다는 것을 그들은 잘 안다.

반면 우리 여성은 동료와의 관계를 소중하게 생각해서, 적당한 거리를 유지하는 것이 중요하다는 사실을 잊기 일쑤다.

예를 들면, CNN의 섭외 담당자들은 방송에 출연시킬 적당한 전문가를 찾는 책임을 맡고 있다. 그러면 조사 담당자들은 섭외 담당자가 선택한 전문가를 미리 촬영하거나 그의 글을 검토한다. 그리고 사전에 인터뷰를 해본 후 섭외가 잘못되었다고 판단하면 그 사실을 섭외 담당자에게 말하는 경우가 종종 있다. 그렇게 되면 서로 신경이 날카로워져 좋았던 관계가 깨져버리는 것을 많이 보았다. 섭외 담당자는 이 일을 개인적으로 받아들여서, 가까운 친구인 조사 담당자가 자기를 골탕 먹인다고 생각하는 것이다.

(두 사람이 충고를 들을 준비가 되어 있는 경우) 나는 섭외 담당자와

조사 담당자에게, 우리가 하는 일은 우정과는 관계없는 것이라고 말해준다. 프로답게 일을 처리해야 한다고 분명히 밝힌다.

우리 여성에게 이상적인 근무 환경은, 공을 골라인으로 몰고 가다가 절친한 친구에게 패스하고, 그 친구가 내 여동생에게 높이 던지면, 여동생은 사촌에게 던지고, 사촌이 골인을 시키는 것이다. 하지만 절친한 친구나 여동생, 사촌이 경기하기를 싫어하면 어떻게 될까? 상대편이 태클을 걸 위험한 마당에, 나는 그 자리에 멈춰 서서 친구나 여동생이 의리가 없다고 비난만 할 것인가?

> **문제** : 동료와 절친한 친구 사이를 유지하려고 고집한다면, 곧 친구도 직장도 모두 잃고 말 것이다.

해결법 : 일은 내 본모습의 일부에 불과하다는 사실을 염두에 둘 것. 일은 일이고, 생활은 생활이다.

일에 적합한 결정과 코멘트가 다른 맥락에서는 적합하지 않을 수도 있다. 직장 생활에서 친구를 사귀는 것이 목적이 되어서는 안 된다는 점을 늘 명심할 것. 동료가 친구가 되는 것, 그것은 직장 생활에서 얻는 덤일 뿐이다.

게임 요령 1 : 비즈니스계에 내려오는 여러 설(說) 중의 하나가 여성끼리 서로 지원하지 않는다는 것이다. 이것은 남성이 신봉하는 믿음이기도 하다. 하지만 이것은 사실이 아니다. 여성은 서로에게 많은 도움을 준다. 그 점을 잊지 말자.

이 설이 진실일 경우가 있다면, 남성적인 직급 체계에서 어느 여성에게 계획된 자리를 놓고 다른 여성과 경쟁을 붙임으로써 불쾌한 경쟁 상황을 빚는 양상이 나타날 때다.

'여성의 적은 여성'이라는 생각은 일과 관련된 이슈를 지나치게 개인화하는 데서 비롯된 것이다. 그리고 주로 남성을 통해서 이런저런 논란이 사람들에게 알려진다.

몇 년 전, 나의 동료 조앤나는 어느 회의에 참석했는데, 그녀와 비슷한 직급의 여성은 한 명뿐이었다. 그 여성은 조앤나가 의장과 맞설 상황이 벌어지면 지지해 주겠다고 약속했다. 하지만 곤란한 상황이 벌어졌을 때 그 친구가 지원해 주지 않자, 조앤나는 놀라고 화가 났다. 그래서 조앤나는 그 일을 남성 동료인 조던에게 털어놓았다. 하지만 나중에 그 여성은 지원해 주지 못한 이유를 설명했고, 조앤나도 사과를 받아들였다. 둘 사이의 일은 그걸로 끝났다고 조앤나는 생각했다.

한데 조던은 그냥 지나치지 않았다. 지금까지도 두 사람이 회의에 참석했다가 여성과 관련된 화제가 나오면 조던은 조앤나 쪽으로 고개를 돌리고 눈을 찡긋 하면서 "누구보다도 조앤나는 내가 말하려는 뜻을 정확히 알 거예요. 그렇죠?"라고 말한다.

조앤나는 그녀가 회의에서 침묵을 지킨 이유를 설명했다고 조던에게 말했지만, 그는 들은 체도 하지 않았다. 조던은 여성의 적은 여성이라고 믿고 싶기 때문에 계속 그 이야기를 하는 것이다. 그리고 다른 남성들에게—회사 내부 사람들을 비롯해서 심지어 외부인에게도—그 이야기를 시시콜콜 늘어놓는다.

그러니 여성 동료에게 화가 나서 어쩌지 못할 때도, 전체 여성을 위해서 혼자 간직하라.

게임 요령 2: 모든 사람을 친구로 삼을 수는 없다. 그리고 내가 모든 사람을 다 행복하게 만들어줄 수도 없다.

최근 어떤 친구가 내게 와서 자기 남편 이야기를 털어놓았다. 남편이 회사 상사와 갈등을 겪고 있는데, 그 상사는 내가 오랫동안 알고 지내온 사람이었다.

"남편은 대단히 유능한 사람이야. 그건 너도 알잖아. 네가 좀 도와줄 수 있겠니?"

나는 그 친구에게 내가 개입하는 것은 중대한 실수를 저지르는 거라고 단호하게 말해 줬다(그리고 그녀의 이런 요청이 이혼 법정으로 가는 첫 단계가 될 수도 있다는 점도 말했다). 어쨌거나 도와주고 싶은 본능은 선의지만, 좋은 게임 전략은 아니다. 남성은 그런 식으로 게임을 풀지 않는다. 남성이 아내의 승진을 돕기 위해 아내의 상관과 식사 약속을 하는 장면을 상상할 수 있는가?

어떤 사람이든 상관없다. 누구라도 모든 사람을 즐겁게 해줄 수는 없다. 만일 그러려고 한다면, 아이와 배우자, 부모님을 돌보는 데서 끝나지 않고 부하 직원과 상관, 잡상인, 회계사를 비롯해 어마어마하게 많은 사람들을 돌봐야 하는 상황에 처한다. 가장 중요한 것은, 자기 일만 하는 게 나의 일이라는 점이다.

06 PLAY LIKE A MAN WIN LIKE A WOMAN

불확실성을 받아들여라

상황 : 상관이 모두에게 새로이 책임질 영역을 맡긴다.

남성의 태도 : 어떻게 일을 진행시킬지 불확실하다는 말을 아무에게도 하지 않고, 그저 앞으로 나아간다.

여성의 태도 : 새로 책임 맡은 일이 너무 걱정되어서, 일을 제대로 하기가 불가능할 거라고 생각한다.

사실 : 남성은 성공의 요인으로 다양한 것을 생각하지만, 여성은 다른 사람보다 일을 잘하는 덕분이라고 짐작한다. 자기가 뛰어난 일솜씨 외의 다른 이유 때문에 승진했다고 믿는 여성은 없을 것이다.

그 결과, 여성은 오랜 세월 완벽주의자가 되려고 노력하며 살아왔다. 여성은 완벽하게 알지 않으면 안다고 말하지 않는다.

반면 남성은 옳은 대답이라고 감만 잡아도 편안함을 느끼게 양육된다. 남성들은 게임판에 익숙해지기만 하면, 나아갈 바른 길을 냄새 맡을 수 있다고 믿는다.

나는 이런 사실을 예전에는 잘 몰랐다가 경영대학원에서 강의하면서 분명히 알게 되었다. 내가 어떤 주제에 대해 폭넓게 질문하면, 남학생들은 알겠다는 듯이 고개를 끄덕인다. 그들은 내가 문제를 내지 않을 거라고 추측한다. 내 설명에 고개만 끄덕이고 있어도, 나중에 지적 당했을 때 정답을 말할 수 있을지 또 누가 알겠는가.

반면 여학생들은 내가 말하려는 것을 완전히 이해할 때까지 기다린 다. 그들은 그 주제에 대해 확고하게 동의하지 않으면 고개를 끄덕이 지 않는다.

남성이 게임을 풀어가는 방식에 대해 생각해 보자. 그들은 경기장으 로 달려나가면서 "우리가 저 녀석들을 이긴다고 누가 장담해?"라고 말 하지 않는다. 남성들은 스스로 사기를 북돋운다. 그리고 그들은 "뭐든 다 할 수 있어!"라고 외친다.

뭐든 다 할 수 있든 없든, 그들은 자신 있게 게임에 임하면 이길 승 산이 훨씬 높다는 것을 알고 있다.

문제: 행동을 취하기 전에 완벽하게 안전하다는 것을 확인해야 직성 이 풀리는 사람이라면, 결코 움직이지 못할 것이다.

해결법: 일을 해낼 수 있다는 자신감을 갖고, 내가 새로운 일을 처리할 특별한 경쟁력을 갖췄는지의 여부를 걱정하지 말라. 결과는 곧 알게 될 테니까.

'100퍼센트 확실성' 같은 것은 없다. 일에서는 물론 실제 삶에서도 그렇다. 일을 잘한다는 것에는, 일을 해나가면서 어떻게 진행시킬지를 배우는 것도 포함된다.

그것은 거짓말쟁이가 되는 것과는 다르다. 임시변통으로 일을 처리하라는 뜻이다. 직장에서 일어나는 가장 힘든 상황에 선례 따윈 없다. 한 번도 일어난 적이 없는 일을 처리하는 방법을 생각해 낼 수 있는 사람이 바로 훌륭한 임원이다.

07 PLAY LIKE A MAN WIN LIKE A WOMAN

과감하게 모험을 감수하라

상황: 직장에서 오도가도 못하는 기분이 든다. 상관은 앞으로 나아갈 방법은 오직 알을 깨고 나와 모험을 감수하는 것뿐이라고 말한다.
남성의 태도: 모험을 감수한다.
여성의 태도: 장단점을 가늠하는 데만 정신이 팔려서 아무 조치도 취하지 못한다.

평생 걸려 훈련받은 것을 어떻게 깰 것인가? 처음부터 남성은 모험을 감수하라고 격려받으며 성장한다. 반면 여성은 그러지 말라는 얘기를 듣고 자란다. 남자애들은 나가서 싸우라는 말을 들으며 자라는 반면 여자애들은 그러지 말라는 말을 들으며 자란다. 농구 게임에서 키가 135센티미터인 남자애가 160센티미터인 남자애를 방어하면서 즐거워한다. 그는 거기서 모험이 무엇인지를 배운다.

여성은 위험할지 모르는 상황은 피하라, 몸을 다치지 않게 조심하라는 말을 들으며 성장한다. 담에서 뛰어내리지 마라, 개를 만지지 마라, 물가에서 놀지 마라. 부모님은 딸이 다칠까 봐 염려한다. 상처라도 생겨서 평생 흉터가 없어지지 않으면 어쩌려고 그러니? 어느 남자가 흉터 있는 여자랑 결혼하고 싶어 하겠니?

하지만 모험을 감수하지 않으면 앞으로 나아갈 수 없다. 안전하게 경기하는 데 만족하는 사람은 커리어가 수직선을 그리며 상승하는 것은 기대할 수 없는 것이다. 범주에서 벗어나는 것을 두려워하는 사람이라면 CEO가 될 수 없다. 수동적인 태도를 취하면 아무 데도 못 가고 그 자리에 머물게 되는 것이다.

모험은 두려움을 동반한다. 모험은 활동적인 것과 관계가 있기 때문이다. 그렇게 움직였다가 해고당하면 어쩌려고? 새 프로젝트를 떠맡았다가 일을 망치면 어쩌려고? 뭣 때문에 모험을 감수해? 잔잔한 물에 돌을 던져 파장을 일으킬 필요가 뭐 있어?

사실: 물결은 파장을 일으키기 마련이다. 성공하려면, 때론 실수도 저질러야 한다. 어느 시점에서 해고당할 수도 있다. 하지만 걱정할 건 없다. 실수와 해고는, 내가 평범한 범주를 벗어나는 일을 했다는 뜻이다. 혹은 누군가 나를 알아봤다는 의미이기도 하다.

언제나 실수하는 게 아니라 예외적으로 실수를 저질렀다면, 성공의 신호탄인 경우가 종종 있다. 여러 번의 플러스와 몇 차례의 마이너스로 구성된 이력서가 바로 승자의 이력서다.

"어느 매니저가 다섯 번 연속으로 실수를 한대도 나는 상관하지 않는다. 적어도 그는 결정을 내렸고, 거기서 배웠으니까."

마이크로소프트사의 CEO인 빌 게이츠의 말이다.

여성이 더 받아들이기 어려운 점은, 여성이 모험으로 생각하는 것이 결코 모험이 아니라는 것이다. 같은 일을 7년간 하고 있다고 해보자. 나는 일이 지루하지만, 정확히 어디로 가야 할지 알 수 없다. 맞은편 책상에 앉은 남자 직원도 나와 같은 상황이지만, 그는 회사를 옮길 때가 되었다고 생각하고 있다. 어느 날 그는 상관의 방으로 들어가서, 새 직장을 찾았다며 사직서를 낸다.

나는 그 남자 직원이 지루하긴 해도 안정된 자리를 박차고 떠나다니, 실수하는 거라고 생각할지 모른다. 사실 내가 지루하다는 생각에만 얽매여 있는 사이, 남자 직원은 일을 하면서 새 직장을 찾았던 것이다.

그는 상관의 속을 떠보기도 하고, 다른 회사에 이력서를 제출하고, 헤드 헌터와 의논하는 등 여러 가지 조치를 취했다. 그는 그저 대충 주사위를 굴리지 않고, 모든 것에 신경을 썼다. 그래서 내가 남아 있는 것을 합리화하려고 애쓰는 지금, 그는 새로운 세상에서 더 많은 봉급과 더 좋은 조건으로 새 지위를 누리고 있는 것이다.

문제 : 모험을 감수하기가 겁나서 앞으로 나아가지 못한다.

해결법 : 위험을 감수하는 사람들은 두려움을 조종하는 사람들이다. 두려움이 없으면 위험도 없다.

작은 일부터 모험을 감수해서 두려움을 조절할 수 있음을 자신에게 증명해 보이자. 처리할 수 있는 사소한 일부터 시작하자.

예를 들어보겠다. 유능한 여직원이 남보다 한 시간 먼저 출근하고 한 시간 늦게 퇴근한다고 하자. 하지만 그녀는 그 시간 동안 별로 많은 일을 하지는 않는다. 그저 자기가 열심히 일하는 헌신적인 직원임을 증명하는 것뿐이다. 이 여직원은 '바쁜 것'과 '생산적인 것'을 혼동하고 있는 것이다.

이 여성에게 진짜 위험은 남들처럼 9시에 출근해서 6시에 퇴근하는 일일 것이다. 나는 이런 스타일의 몇몇 여성에게 출퇴근 시간을 바꾸라고 권유했다. 그들은 모두 오랜 시간 회사에 있어야 성공할 수 있다는 공포에 직면했다.

그러나 근무 시간을 줄이자, 그들은 회사에 있는 시간이 짧아졌는데도 아무도 신경 쓰지 않는다는 것을 깨달았다. 그러면서도 일은 예전처럼 제대로 할 수 있었다.

겁나는 사람이나 나보다 두 배는 똑똑하다고 생각되는 사람과 대화를 시작하자. 혹은 미운 사람과도 대화를 시작하자. 혹은 나한테 화난 것 같은 사람의 사무실을 찾아가자. 다른 사람의 기분이 저조한 게 나랑은 상관없다는 사실을 알게 되면, 나의 영역을 결정하기가 훨씬 수월해진다.

'어젯밤에 부부 싸움을 해서 저렇게 골이 난 거지'라고 생각하자. 상관이 내게 심한 소리를 하는 것은 나와 관계없이 자기가 화가 났기 때문인 경우도 많다. '나에게' 심한 소리를 한 것은 순전히 내가 가장 가까이에 있는 사람이기 때문일 수도 있다.

모험하기가 겁난다면, 매일 모험을 감수하고 있다는 사실을 떠올려 보자. 사실 차를 몰고 출근하는 것도 하나의 모험이다. 생선회를 먹는 것도 큰 모험이다. 우리의 생활은 온통 모험으로 가득 차 있지만, 우리가 단련이 되어서 인식하지 못하는 것뿐이다.

남성과 여성이 두려움에 접근하는 방식이 근본적으로 다른 것은 아니다. 다만 남성은 그동안 여성보다 두려운 일을 더 많이 해봐서 익숙할 뿐이다. 어느 남자 직원에겐 이번이 무려 236번째 모험이지만, 여성에겐 겨우 5번째 모험이랄까. 그러니 여성이 더 무서워하는 것은 당연한 이치다.

요즘 비즈니스계에 '안전' 같은 것은 없다. 즉 '모험'은 상대적인 어휘란 뜻이다. 내가 뭘 하고 있는지 모를 때만 그 일이 모험이다. 내가 뭘 하고 있는지 안다면, 단순히 잠재적인 득실을 따져본 다음 행동에 들어가면 그뿐이다. 두려움은 성공의 일부다. 그것 때문에 벌벌 떨 필요는 없다.

그렇다. 우리는 실패할 수도 있다. 하지만 그럴 가능성에 대비하기만 한다면, 다음에 취할 계획을 세울 수 있다. 오늘의 실패를 내일의 성공을 향한 주춧돌로 삼을 수 있는 것이다.

사기꾼이 되라

상황 : 남성과 여성이 힘있는 자리로 승진했다.

남성의 태도 : 새 사무실에 도착해서 근사한 책상과 집기류에 감탄한다. 그리고 새 책임에 대해 곰곰이 생각해 본다. 자기가 새로 맡은 일에 대해 아는 게 별로 없다는 건 알지만, 지금까지 이만큼 왔으니 앞으로도 쭉쭉 나아갈 거라고 중얼거린다.

여성의 태도 : 사무실에 도착해 멋진 가구와 큼직한 창을 보자 마음이 불편해진다. 여기에 오기까지 열심히 일했으니 마땅히 보상을 받았음을 안다. 하지만 '이제 능력 이상의 일을 해야 할 자리에 왔으니, 내가 사기꾼임이 드러나는 것은 시간문제 야'라고 생각한다.

여자애들이 잘하는 게임은 '모범생' 게임이다. 학교에서 우리는(성적이 좋은, 부모님 말씀을 잘 듣는, 수업 태도가 좋은) 착한 학생이어서, 숙제를 잘해서, 발표할 준비가 잘되어 있어서 상을 받는다.

여성은 비즈니스라는 게임에 대해 배워야 하는 지금도 '모범생 게임'에 의존한다. 결과적으로 여성은 맡은 일의 안팎에 통달하는 길만이 앞서 나아갈 수 있는 방법이라는 믿음을 갖고 직장에 들어간다. 그래서 정보를 수집하고, 자료를 모으는 등 그 일을 제대로 하기 위해 필요한 일은 뭐든 한다.

프레젠테이션 준비가 끝나면, 한 가지 사실이라도 빠뜨리지 않았는지 확인한다. 그리고 형광펜으로 표시한 서류며 연례 보고서, 컴퓨터 인출 자료 등 지나칠 정도로 준비를 하고 내용을 파악해서 회의실로 들어선다.

주제에 대해 모든 걸 안다는 느낌, 그것은 기습당할 염려를 할 필요가 없다는 뜻이다. 한데 거기에는 약점이 있다. 모든 것을 다 아는 사람은 아무도 없다는 사실! 결국 어느 동료가 내게 대답할 수 없는 질문을 하고야 만다. 그 시간이 오면, 내가 사기꾼이 아닌가 하는 회의가 엄습한다.

머리가 뛰어나고 근면한 사람들은 이때 '성공은 우연한 것'이라는 무시무시하고 가슴이 뚝 떨어지는 감정을 경험한다. 이렇게 '사기꾼 증후군'을 앓게 되면, 내가 충분히 알지 못한다는 사실이 발각될 거라는 끝없는 공포에 사로잡혀 지내게 된다. 언젠가 들통이 나서 수모를 당하고 강등되거나 해고당하리라는 두려움을 떨치지 못하는 것이다.

'사기꾼 증후군'을 앓는 여성은 정체가 폭로되지 않고 살아남을 방법을 연구하느라, 실제로 일을 하는 데 지장을 받는 경우가 많다.

또 이런 여성은 모험을 감수하지 않고 안전한 쪽으로만 가는 데 선수가 된다. 새로운 영역에 발을 들여놓으면, 정체가 탄로날 확률이 높아지기 때문이다.

진실을 말하자면, 우리는 모두 사기꾼이다. 남성이든 여성이든 똑같이 사기꾼이다. 누구든 거기서 자유로운 사람은 없다. 이런 점을 생각해 보자. 우리 중에 자녀 양육에 대해 알아야 할 모든 것을 정말로 다 아는 사람이 있을까? 없다. 하지만 그렇다고 해서 우리가 자녀 양육을 중단하거나 자녀를 잘 못 키우는 경우는 없다.

비즈니스도 실생활과 다를 바 없다. 남성은 그것을 안다. 그래서 그런 체해야 되는 상황에서는 언제든 어디서든 '그런 체'한다. 그들은 최대한 많은 정보를 끌어모으면서 이 자리에서 저 자리로 간다. 그러다가 최고위직에 점점 가까워질수록, 임시 변통과 자기 확신에 더 많이 의존한다. 책에서 얻는 지식보다는 과거의 경험에서 우러나오는 일반적인 능력에 더 의존하는 것이다.

비즈니스에서는 새로운 일을 할 때 안전망 따위는 없다. 그것은 몹시 초조한 일이다. 하지만 창의력 넘치는 비즈니스 아이디어가 나오는 데도 바로 거기다.

문제: 승진할 때마다 이제 내가 사기꾼이라는 사실을 발각당할지 모른다는 불안감에 사로잡힌다.

해결법: 솔직히 말하면 어떤 일에 대해 알아야 할 모든 것을 아는 사람은 없다는 사실을 인정하라. 누구나 기습을 당할 수 있으며, 어느 날 더 재능이 뛰어난 인물로 대체될 가능성이 있다. 장담컨대, 우리의 상관도 마찬가지다.

중요한 것은 스스로에게 어떻게 말하느냐 하는 것이다. 무슨 얘기를 할지 아무 생각도 나지 않는, 과분하게 승진한 사람으로 나를 볼 것인가, 아니면 "내가 새로운 영역에 들어와 있지만, 경쟁력과 지식을 갖추지 않았으면 여기 오지 못했을 거야. 그러니 내가 모르는 것에 중점을 두지 말고, 내가 보유한 지식에 초점을 맞추되 나머지는 일을 하면서 배워야지"라고 받아들일 수 있는가.

자신에게 합리적인 질문을 던져보자. 이번에 맡은 일에서 무엇을 알아야 하는가? 내가 그것을 아는가? 그렇지 않다면 그것을 다 배우는 데는 시간이 얼마나 걸릴 것인가? 전임자는 이 상태에서 나보다 더 많은 것을 알았는가?

17년 전 처음 CNN의 섭외 부서를 맡았을 때, 어떤 형태로 부서를 운영해야 할지, 일을 시작하는 데 무엇이 도움이 될지 전혀 가닥을 잡지 못했다. 하지만 회장이 나를 선택한 것은 두 가지 이유에서라고 이해했다.

첫 번째 이유는 회장이 나를 신뢰했다는 점이다. 그래서 그가 나를 잘못 선택했다는 공연한 걱정을 하는 대신, 내게 맡겨진 일을 모험이라고 상정하고, 최악의 경우가 발생한댔자 고작 먼저 하던 일로 돌아가는 정도일 뿐이라고 마음을 다졌다. 어쨌든 나는 먼저 하던 일도 좋아했으니까.

회장이 나를 선택한 두 번째 이유는 내가 그에게 질문 공세를 퍼붓지 않으리라는 것을 알았기 때문이라는 점이다. 회장은 내가 "어떻게 할까요?"라고 묻지 않고 알아서 일을 해나갈 사람임을 알고 있었다.

상관들은 내가 알아서 일을 처리해 주기를 기대하며 일을 맡긴다. 만약 자기들이 어떻게 할지 파악한다면, 나한테 일을 맡길 필요가 있을까?

사기꾼이라는 것이 드러날까 걱정하는 자리를 자신감으로 바꾸자.

자신감이야말로 게임의 절반이다. 점수를 딸 거라고 자신할 때마다 발전할 가능성이 커지는 반면, 실패할 거라고 믿을 때마다 뒤처질 가능성이 커진다. 나는 공을 떨어뜨릴 거라고 생각할 때마다 꼭 공을 떨어뜨린다는 사실을 안다.

09 PLAY LIKE A MAN WIN LIKE A WOMAN

문제를 작게 생각하라

상황: 회사가 위기 상황에 처해 있어서, 전직원이 더 큰 책임감을 떠안게 되었다.

남성의 태도: 해야 할 일을 할 수 있다고 가정하고, 천천히 그리고 체계적으로 일에 착수한다.

여성의 태도: 압도당해서 초조해하느라 아까운 시간을 허비한다.

남자아이들은 단선적인 게임을 좋아한다. A지점에서 B지점으로 가도록 정해진 놀이를 좋아하며, 정해진 규칙대로 게임을 해서 이기는 것을 좋아한다.

반면 여자아이들은 변용할 가능성이 많은 게임을 좋아한다. 예를 들면 인형집 놀이를 할 때, 고려할 선택 사항이 수십 가지도 넘고—거실 가구는 어디에 놓을지, 아빠 자리는 어디로 정할지, 아기가 뒷마당이 보이는 자리를 좋아할지?—다양한 과제가 생긴다. 어떤 목표나 종착지를 향해 달려나가는 게 아니라, 각방의 주인에 대한 이야기를 꾸미고 관계와 개인사를 만들어내는 것이다.

대개 이런 여자아이의 게임은 구조가 복잡해질수록 등장 인물 사이의 관계 역시 복잡해지고, 여자아이는 거기에 더 흥미를 갖게 된다.

이런 게임은 우리에게 다양한 과제를 실행하도록 가르치고, 그런 능력이 여성 존재의 일부분이 된다. 인형집 놀이처럼 실제 가정 생활에서도 신경 써야 할 무수한 책임이 있다.

불운하게도 여성은 인형집-실제 가정 살림을 사무실 현장으로 끌고 가는 경향이 있다. 결과적으로 여성은 새로 맡은 중요한 프로젝트에 초점을 둬야 할 뿐만 아니라, 어머니가 예약 시간에 맞춰 병원에 갔는지, 딸이 숙제를 했는지, 아들이 학교에서 집단 따돌림을 당해서 지쳤는지, 파출부가 손님방의 침구를 갈았는지를 걱정한다. 거기에 생각이 미치면 주말에 여동생네 가족이 놀러 올 텐데 장을 보지 않았다거나, 의자 덮개를 갈아야 한다는 게 기억난다.

살림에 압도당했든 아니든 집에서는 맡은 일을 제대로 해낸다. 해결책이 정해져 있기 때문이다. 아기가 울면 안아서 달래주면 해결된다. 하지만 회사의 예산 프로젝트는 그런 식으로 처리되지 않는다. 쌓인 일은 껴안아주고 트림시키는 것으로 진정되지 않는 것이다.

우리는 "너무 과해. 일을 제대로 할 수 없어. 포기해야겠어"라고 말한다.

최근 '로퍼 기구'에서 실시한 조사 내용을 보면, 여성 임원은 남성보다 '어마어마한 스트레스'를 받고 있다고 스스로 말할 뿐만 아니라, 화이트 컬러와 블루 컬러 여성 모두 그런 식으로 느끼고 있는 것으로 나타났다.

> **문제:** 책상 위에 쌓인 어마어마한 분량의 일에 압도당해서 도저히 집중이 되지 않는다.

해결법: 압도당하는 느낌을 받을 때는 일처리에 도움이 될 다음의 일화를 기억한다.

1950년대 영국의 스타급 트랙 선수였던 로저 배니스터 경의 이야기다. 그는 경쟁자들과 나란히 처음 4분 거리를 뛰려고 노력했다.

코치는 배니스터가 1분에 4분의 1마일씩 뛸 수 있고, 때로는 그보다 빨리 뛸 수 있음을 알았다. 그래서 심리적으로 아주 뛰어난 트릭을 개발해 냈다. 코치는 배니스터에게 경주할 때 1마일 단위로 생각하지 말고, 4분의 1마일 단위로 속력을 내도록 가르쳤다. 즉 1분에 1마일씩 뛰는 식이었다.

배니스터는 그런 식으로 거리와 시간을 재구성할 수 있었고, 마침내 기록을 깼다. 그리고 20년 후, 배니스터는 그 일로 인해 기사 작위를 받았다.

궁극적인 목표를 성취 불가능한 것으로 만들어버리면, 더 이상 어디로 가야 할지 알 수 없어서 꼼짝도 못하게 된다.

하지만 어떤 프로젝트나 작게 나눌 수 있다. 작은 단위의 일은 실행할 수 있으며, 이런 식으로 일을 해나가면 현재 있는 위치와 목표점이 한결 가까워진다.

저쪽 사무실에서 일하는 남자 직원은 이 점을 분명히 알고 있다. 그는 방법을 안다. 처리할 첫 번째 임무를 꺼내놓고 집중해서 일을 하고 완수한 다음, 두 번째 일을 꺼낸다. 집중해서 일을 마치면, 그 다음 일로 옮아간다.

남성은 이런 식으로 일할 수 있다. 더 큰 그림을 떠올려서 정신을 분산시키지 않기 때문이다. 앞에서 얘기했듯이 남성은 작은 단위로 쪼개어 구분짓는다. 그들의 생활도 각각의 단위로 나누어진다. 그들은 사무실에 들어간다. 이곳이 내 사무실이다, 여기서 일한 대가로 돈을 번다……. 분명한 사실이다. 경마에 나온 말들처럼, 그들은 일을 하는데 필요하다면 눈가리개를 하는 것을 꺼리지 않는다.

하지만 여성의 경우 누가 우리 눈에 눈가리개를 씌운다면 기절할 것이다. 눈가리개를 하면 다른 말들과 의사 소통도 못하고, 어느 말이 출발선으로 나오는지 볼 수도 없고, 어떤 말이 먹이를 먹는지 확인할 수도 없기 때문이다. 하지만 눈가리개도 유용할 수가 있다. 원하는 곳, 즉 결승점으로 이끌어주니까.

"여자의 일은 끝이 없다"라는 금언이 있다. 그걸 믿으면 안 된다. 우리는 언제든 일을 마무리지을 수 있다. 잘게 쪼개서 하나하나에 역점을 두면 언젠가 일은 끝난다.

고민을 내색하지 말라

상황 : 중요한 프레젠테이션이 이틀밖에 안 남았는데, 아직 준
비가 끝나지 않았다.

남성의 태도 : 걱정하는 마음을 내색하지 않는다.

여성의 태도 : 이러다간 준비를 못 마치겠다고 친구들에게 하
소연한다.

대기업에서 일하는 재능이 뛰어난 여성을 알았던 적이 있다. 한데
그 여성은 회사에서 '걱정 아줌마'로 유명했다. 들어주기만 하면 누구
에게나 걱정을 털어놓았다. 실제 상황이든 상상이든 온갖 실수담이 대
화의 주제였다. 자기를 파멸시키는 생각이 그대로 말로 튀어나왔다.
끔찍한 순간 모두를 그냥 넘기는 법 없이 다 말로 표현했다.

그 여성은 자기 행동의 잘못된 점을 파악하지 못했다. 심지어 정신
과 의사가(모든 사람의 이야기를 다 들어주는 사람이 바로 정신과 의사
들이다) 타인과 감정을 최대한 많이 공유하라고 권했다는 말까지 했
다. 자주 지적되는 바지만, 아무리 정신과 의사라고 해도 그녀의 회사
일까지 공유할 필요는 없었다.

그 여성이 남들에게 털어놓는 온갖 이야기에 부담을 느낀 사람들은 그

녀를 외면했다. 아무도 그녀와 프로젝트를 시작하려고 나서지 않았다. 함께 출장을 가려는 사람도 없었다. 결국 그 여성의 인사 고과는 하향 곡선을 그렸고, 그러자 그녀는 더 걱정이 심해져서 더 말이 많아졌다.

다음과 같은 점을 염두에 두자. 남성은 게임을 할 때 거기에 맞는 표정을 짓는다. 불리한 상황이더라도, 이제 금방 이길 것 같은 표정을 지으려고 노력한다. 혹시 그러다가 이기게 될지 누가 아는가.

여성은 친절하게 처신하라고 배우며 자란다. 결국 우리는 모든 사람과 친절하게, 모든 일이 잘 돌아가기를 바란다. 그렇게 되지 않으면, 아무 일이나 공개적으로 괴로워한다. 거래처 사람과 오찬을 하기에 가장 적합한 레스토랑은 어디일까? 회의에 이런 옷차림이 어울릴까? 승진할 가능성이 있을까? 예산안이 정확히 작성되었나? 날씨가 좋을까? 등등 온갖 걱정을 다 한다.

그렇다고 남성이 걱정하지 않는다는 말은 아니다. 물론 그들도 걱정을 한다. 하지만 경쟁이 심한 상황에서 그들은 초조함을 겉으로 드러내지 않는다. 꼭 그래야 할 이유가 없다면, 감정을 내색하지 않는다. 그 대신 모든 사람의 기분을 부추기는 데 도움이 될 만한 행동을 취한다. 남성은 할머니를 돌보고 있다거나, 발이 아프다거나, 경쟁사에서 일하는 사촌과 이번 프로젝트를 두고 한 판 붙게 생겼다는 말을 팀원들에게 하지는 않는다.

반면 여성은 생활의 구석구석에서 남성보다는 약함을 드러내는 경향이 있다. 어릴 적에 엄마는 딸에게 문제를 털어놓도록 격려한다. 문제를 공유하기 때문에 관심의 대상이 된다. "아프니? 엄마가 어떻게 해줄게"가 딸로서 듣는 가장 친절한 말이었다.

오늘날 우리는 넘어져서 살갗이 벗겨진 데 대해서는 걱정하지 않지만, 그 걱정의 대상이 내일 있는 프레젠테이션으로 바뀌었다. 동료들과 함께 걱정을 나누고 싶은 유혹을 느낀다. 어릴 적 엄마에게서 받았던 것과 같은 위로를 받고 싶은 것이다. "괜찮을 거예요. 잘해 낼 거예요"라는 말을 듣고 싶은 것이다.

하지만 옆방에서 일하는 남성은 아버지가 아니다. 그는 내 마음속의 갈등엔 관심이 없다. 그리고 나도 그에게 그런 마음을 알게 하고 싶지 않다. 만약 그가 내 마음을 안다면, 어느 날인가 그에게 유리하게 이용할 수도 있다. 불공평하다고 생각하겠지만, 그게 바로 직장이다.

문제 : 초조하고 스트레스가 쌓이면 동료에게 고민을 털어놓고 싶다.

해결법 : 그러지 말라. 은밀히 괴로워하라.

하지만 꼭 동료에게 털어놓아야 될 것 같으면, 믿을 수 있는 사람을 택하라. 내 걱정을 자기한테 유리하게 이용하지 않고, 내가 잘못한 것이 아니라 해야 할 일에 초점을 맞추도록 도와줄 수 있는 사람을 고르자.

꼭 염두에 둘 것 : 자신이 늘 괴로워하는 타입이라면, 정말로 일이 고민의 원인인지 자문해 봐야 한다. 또는 가족이나 가까운 친구와 의논하기 싫은 사적인 문제가 진짜 문제는 아닌지 따져보도록.

요령 : 만일 당신이 상관이라면, 부서나 회사를 컨트롤하는 것이 상

관이 해야 하는 역할의 일부다. 그렇다고 의문이나 문제를 갖고 있음을 내색하면 안 된다는 뜻은 아니다. 예를 들어 우리 부서가 기대에 부응하지 못하면, 부원들의 주의를 환기시키는 게 내 책임이라는 것이다. 하지만 이번 프로젝트는 실패할 수밖에 없다고 말한다면, 부서원들의 자신감이 꺾여서 결국 프로젝트가 실패하거나, 부서원들이 나를 소심한 상관으로 생각해서 내 말을 귀담아듣지 않게 되거나 둘 중 하나다.

11 PLAY LIKE A MAN WIN LIKE A WOMAN

팀의 리더를 따르라

상황 : 어떤 프로젝트를 놓고 한 명의 리더 밑에 여덟 명의 팀원이 있다.

남성의 태도 : 최선을 다해 기여하고, 리더에게 정기적으로 상황을 보고한다.

여성의 태도 : 이미 프로젝트가 시작되고 시간이 많이 흘렀는데도 의구심을 발설하고, 자기 방식대로 일을 처리하려 애쓴다.

보조직으로 직장 생활을 시작한 질은 열심히 일한 끝에 부사장이 되었다. 지난가을, 그녀는 기업 총회에 참여했다. 그녀의 회사가 발표회를 갖는 날 아침, 사장이 질을 찾았다. 그날 발표회가 끝난 후 열릴 파티의 세부 사항을 홍보실의 새 코디네이터와 검토했는데, 마음에 들지 않는다는 것이었다.

"부사장은 훌륭한 파티를 여는 방법을 잘 알잖소. 내가 어떤 파티를 좋아하는지도 익히 알 테고. 그러니 부사장이 맡아줘요."

질은 뭐라 응답할 수가 없었다. 그녀는 누구의 보조 직원이 아니라 부사장이었다. 중요한 회의로 스케줄이 빡빡했고, 사장이 남자 직원에게는 그와 비슷한 명령을 하지 않으리라는 사실도 잘 알았다. 게다가 질은 그 홍보실 직원이 마음에 들었고, 파티 일을 맡으면 그 직원과의 좋은 관계에 금이 가리란 것도 알고 있었다.

질은 어떻게 했을까? 최대한 약속을 취소하고, 연기할 수 없는 약속은 동료들이 처리하도록 맡겼다. 그리고 열 시간 만에 총회 사상 가장 훌륭한 파티를 기획하는 데 몸을 던졌다. 그 이유는 이렇다.

질은 사장이 팀의 리더며, 사장에게는 그 파티가 중요하다는 사실을 잘 알았던 것이다. 파티 기획이 직급에 맞지는 않는 일이었지만, 질은 그 일을 함으로써, 그리고 일을 제대로 해냄으로써 그녀가 팀에 없어서는 안 될 일원으로 부각되리라고 믿었다. 또한 자기의 이기심보다는 팀을 더 중요하게 여긴다는 점을 보여줄 수 있는 기회라고 생각했다.

파티는 근사하게 끝났고, 나머지 팀원뿐만 아니라 사장도 그것이 질 덕분임을 알았다.

불운하게도 이 이야기는 규칙의 예외에 속한다. 힘겹게 얻은 직위를 —혹은 친구의 영역을— 지키려고 하다가 팀 플레이 정신을 쉽게 잊는 여성이 너무나 많다.

남자애들에게 '팀의 일원'이라는 것은 곧 리더의 지시에 따라야 하고, 거기에 대해 함구해야 한다는 뜻이다. 게임이 끝난 후에는 코치에게 자기 주장을 말할 수 있다. 실수를 지적할 수도 있다. 하지만 일단 게임이 진행되고 있는 상황에서는 맡겨진 일을 최고의 능력을 발휘해서 수행해야 한다.

여성은 리더의 지시에 따르는 연습을 할 기회가 없이 성장한다. 함께 움직이는 방식의 놀이를 하기 때문이다. 여자애들 집단은 민주적이므로, 모두 동등하다고 생각하면서 자란다.

다음의 이야기를 살펴보자. 최근에 나는 우리 회사의 어느 부서에 전화를 걸었다. 중요한 기사에 대한 민감한 정보를 그 부서에 전달하기 위해서였다. 하지만 그 부서장은 휴가 중이었고, 전화를 받은 여직원은 신입 사원이라 휴가 중인 부서장 대리는 고사하고 내가 전하려는 종류의 정보를 다룬 경험이 전혀 없었다. 그래서 책임자를 바꿔달라고 하니, 전화를 받은 여직원은 "책임자는 없는데요. 저희는 한 팀으로 일하고 있습니다"라고 했다.

나는 집단과 통화할 시간 여유가 없어서 그냥 전화를 끊었다. 리더와 통화하고 싶었기에 나는 결국 그 정보를 전하지 않기로 했다. 내 정보가 틀린 경우에는 어떻게 할까? 리더가 없는데 누가 그 정보의 진위 여부를 체크할까? 누가 최종적으로 기사화하자는 결정을 내리나? 만약 사후에 문제가 발생할 경우 누가 대변인이 되나? 리더가 없는 팀은 팀이 아니다.

해결법 : 내 일이 나 혼자 할 일이 아님을 명심하자. 일은 팀제로 운영되어야 한다. 다음과 같은 팀의 규칙을 따라야 한다.

큰 그림을 마음에 그리면서 일한다. 내 직위에 맞지 않는 임무를 받았다고 해서 모욕감을 느낄 필요가 없다. 주의를 요하는 급박한 상황이라면, 아무도 나의 사정을 들어주려 하지 않는다. 내게 아무리 중요해도 개인적인 염려는 작은 그림일 뿐이고, 팀이 성과를 올릴 수 있느냐가 큰 그림이다.

내가 고용된 것은 팀에 공헌할 수 있기 때문이다. 그것은 어떤 사람들을 싫어하거나 내 고민을 염려하느라 에너지나 시간을 빼앗기면 안된다는 뜻이다.

팀원을 다 좋아할 필요는 없지만, 그들에게 성실해야 한다. 팀에서 능력이 가장 떨어지는 사람을 골칫거리로 보지 말고 해결할 문제로 보자. 가장 약한 부분이 바로 그 팀의 실력이다. 약한 부분을 강화하면 나 자신도 강화된다.

자신을 자동 기계로 생각할 필요는 없다. 개성 있고, 흥미롭고, 독특하고, 남다르다……. 여성의 매력을 설명하는 데 동원되는 어휘들이다. 그런 면모를 갖고 있으면 파트너나 세상은 우리에게 매력을 느낄 것이다.

팀의 일원이 되면 눈에 띄지 않게 된다고 생각하기 쉽지만 절대 그렇지 않다. 오히려 더 좋은 모습으로 보이게 된다. 뛰어난 중견수는 뛰어난 쿼터백을 멋지게 보이게 할 수 있다. 또 훌륭한 포수는 피처가 잘

할 수 있게 받쳐줄 수 있다. 실력이 우수한 복식조는 선수들 각자가 서로를 도와줄 수 있다. 우리 팀원 각자는 독특한 재능을 필드로 가져올 수 있다. 주변 사람들의 재능을 잘 이용하면 나의 재능을 증진시킬 수 있다.

팀을 미리 짐작하지 말 것. 3장 〈01 경기장에 대해 파악하라〉에서 봤듯이, 일단 팀에서 어떤 결정을 내리면 이제 실행에 들어갈 때다. '정지'나 '잠시 멈추고 생각하기'라는 실행은 없다. 더 나쁜 것은 '미리 짐작하기'다. 나도 가끔 미리 짐작하는 실수를 저지른다. 그리고 그 벌을 톡톡히 받는다.

흔히 볼 수 있는 상황을 살펴보자. 상관과 둘이서 점심 식사를 하러 나간다. 어디로 갈지 결정했는데, 나는 다른 레스토랑 이름들을 쭉 읊는다. 상관이 원하는 것은 어디서든 점심 식사를 하는 것뿐인데 말이다.

자기 팀이 목표를 달성하길 바란다면, 계속 대안을 읊어대는 것은 도움이 되지 않는다. 팀원 전원이 왼쪽으로 달리기 시작하면, 오른쪽으로 달리는 편이 더 낫지 않느냐고 물어볼 때가 아닌 것이다.

자기 내면의 대화 점검하기 : 일에 대한 불평을 낱낱이 적은 후 큰 소리로 읽어본다. 불평 사항 전부가 나 위주인가? 많은 사람들이 '난 그렇지 않다'라고 생각할 것이다. 하지만 우리는 스스로 인식하지 못한 채 몹시 이기적이 될 수도 있다.

예를 들어, 실력이 뛰어나지 못한 동료가 있어서 "난 그를 멍청이라고 생각한다", "그는 내 말을 전혀 귀담아듣지 않는다", "그는 나처럼 명석하지 못하다"라고 썼다고 하자. 이런 충동 속에서 이기심이 보이는지? 우리는 부정적인 생각에 휩싸여서, 누군가 내 말대로만 하면 모든 상황이 좋아질 거라고 믿는다. 또 똑똑하지 못한 팀원에게 집착하는 것으로 끝나게 될 수도 있다.

그렇게 말만 하지 말고, 뛰어들어 도움을 주자. 긍정적인 제안을 할 방법을 찾아보자. 비판 잘하는 재능을 그저 팀을 비판하는 데만 쓰지 말고 팀이 일을 더 잘하게 만드는 데 이용하자. 팀 리더에게 불평불만을 잔뜩 갖고 다가가지 말자. 해결책도 들고 가자.

팀의 도움 받기: 팀원에게 짜증이 나면 "내가 하면 더 빨리, 더 잘할 수 있을 텐데"라고 말하기 쉽지만, 그것은 전략적인 실수를 저지르는 것이다. 일을 많이 떠안게 되기도 하고.

다른 영역으로 넘어가고 싶은 유혹을 느끼는 것은 당연하지만, 그래선 안 된다. 아무리 급해도 중견수가 투수로 나서지 않고, 골키퍼가 나와서 득점을 하려고 하지는 않는다. 다른 사람의 일을 그보다 더 잘할 수 있다고 생각하거든, 팀 리더에게 가서 솔직하게 그 문제를 의논하라.

여성은 자기에게 맡겨진 몫보다 더 많은 일을 차지하려는 경향이 있다. 나는 여성이 어머니 역할을 하는 데서 이런 경향이 나온다고 생각한다. 우리는 자녀보다 두 배는 빨리 식탁을 정리할 수 있기 때문에, 자녀에게 그 일을 시키지 않는다. 하지만 처음에 아무리 시간이 많이 걸려도 해볼 기회를 갖지 못하면, 아이가 어떻게 배우겠는가?

사실: 도움을 받아들이지 못해서 실패하는 여성이 많다. 그런 여성

은 저녁 7시 30분이 되도록 사무실에 남아서 다섯 명분의 일을 하고 있다. 다른 직원은 이미 오래전에 퇴근했다. 무슨 일을 그렇게 하느냐고 물으면, 그 여성은 부하 직원에게 요령을 가르치려면 너무 힘이 들고, 가르칠 시간에 일을 하는 편이 더 빠르고 일처리도 잘될 것 같아서 직접 한다고 말한다.

하지만 내가 일을 너무 많이 한 결과, 나는 화가 나고 아래 직원들은 아무것도 배우지 못하는 걸로 끝난다. 더 나쁜 것은, 결국 모든 걸 혼자서 처리할 수 없기 때문에 결국 나는 실패하게 된다는 것이다. 팀이 있는 이유가 바로 여기에 있다.

팀을 무력하게 만들지 말라. 우리가 팀원으로서 저지르는 최악의 실수는 내가 팀 소속이라는 점을 잊는 것이다. 그렇다. 매일 처리할 일에는 다른 내용이 올라온다. 집안일, 관계, 아이들, 부모님 등등. 하지만 정말 큰일이 아니라면, 직장에서는 팀의 성공을 최우선으로 삼아야 한다. 나머지 생활이 중요하지 않다는 뜻은 아니지만, 성공하고 싶다면 직장에서는 일에 중점을 둬야 한다.

계속 터지는 개인적인 문제를 해결할 시간이 필요하면, 회사에 휴가를 요청하자. 회사가 융통성이 없어서 다급한 개인사를 무시한다면, 그런 회사에 몸담을 필요가 없지 않을까.

위임권이 없는 책임은 절대 떠맡지 말라

상황 : 핵심 부서의 실적이 나빠서 사장이 당황하고 있다.

남성의 태도 : 도움을 요청받으면, 자기에게 문제를 해결할 위임권을 주는지 사장에게 확인한다.

여성의 태도 : 돕겠다고 당장에 자원하고, 회사는 그것을 수락한다. 사장이 자기에게 신뢰감을 갖게 된 것이 기쁜 나머지, 일 진행에 필요한 위임권은 요구하지 않는다.

자기 업무가 아닌데도 대규모 파티를 맡아서 치러낸 질의 경우를 생각해 보자. 질은 스케줄이 잡혔던 약속을 취소하기 전에, 동료들에게 약속을 취소할 수 없는 고객들을 만나러 가라고 요청하기 전에, 최고의 파티를 기획하는 데 뛰어들기 전에, 사장에게 일처리에 필요한 위임권을 보장해 달라고 말했다. 필요한 만큼 예산을 쓰겠으며, 필요한 인원을 고용하겠다는 내용을 명확히 밝혔다. 장애물을 만날 때마다 사장에게 달려가서 허락을 받을 수는 없는 노릇이니까. 파티를 준비하는 사람들은 질이 책임자임을 분명히 알아둘 필요가 있었다.

사장은 거기에 동의했다. 사장은 그 조건을 받아들이는 대신 파티가 잘못될 경우 질책을 받을 마음의 준비를 하라는 점을 질에게 분명히

했다. 명석한 질은 파티가 성공적으로 끝나면 그 공 또한 자기 몫임을 알았으므로, 사장의 말을 좋은 쪽으로 받아들였다.

위임권 없는 책임을 떠맡는 것이 일하는 여성이 직면하는 중요한 이슈다.

사장이 진퇴양난에 빠진 상황이라고 해보자. 창의력이 바닥나서 문제가 생겼고, 사장은 책임자인 잭이 일을 제대로 하지 못한다는 사실을 알고 있다. 그래서 사장은 믿을 만한 내부 인사들을 불러모아 상황에 대해 의논한다.

회의가 끝날 즈음, 나는 잭을 돕겠다고 자원한다. 사장이 나를 새로운 부서에 배치하는 것도 아니고, 새로운 책임을 부여한 것도 아니고, 보수를 더 받는 것도 아니다. 나는 그저 '돕는' 것뿐이다.

대개의 남성은 각각의 지위에는 특별한 책임이 따른다는 것을 안다. 골키퍼는 골을 막아야 하고, 쿼터백은 공을 던져야 한다. 목표는 승리이므로, 팀을 승리로 이끌기 위해 모두 특별한 역할을 맡아 뛴다.

여성은 실력만으로는 주목받기가 어렵다는 것을 알기 때문에 '위임권이 없는 책임은 떠맡지 말라'는 규칙을 계속 위반한다. 우리는 다양한 재능을 가진 사람임을 보여주고 싶어서, 또 나는 무슨 일에든 적합한 사람이고 기꺼이 일하겠다는 것을 보여줘야 한다고 믿기 때문에 끝없이 책임질 일을 떠맡는다.

하지만 적절한 위임권 없이 일을 하는 것은 감정과 지식의 낭비일 뿐만 아니라 시간 낭비이기도 하다. 위임권을 받지 못했으므로 그 프로젝트의 관계자들은 내게 보고하지 않는다. 그런 상황에서 나는 일을 완수하려고 노력해야 한다.

그 프로젝트 관계자들은 나를 문제 해결사로 보지 않고 오히려 간섭자로 생각한다. 사장은 손에 더러운 것을 묻히지 않고 멀찍이 서서 지켜보는데, 나는 여기서 팔을 걷어붙이고 내 존재를 싫어하는 사람들을 끌고 가야 한다. 그들은 내가 계속 위협적인 존재로 남을지 몰라 답답해하고, 또 예전 상관의 위상에 대해서도 명확히 모른다.

혼란스러운 상태다. 사장이 마지막으로 내게 한 말을 기억해 본다.

"자네가 무슨 말을 하든지 나를 대신해서 말하는 것과 진배없다는 걸 알아두라구."

이 상황에서 그런 말이 과연 도움이 될까?

아니다. 사장이 공식적으로, 그리고 모두가 알도록 위임권을 주지 않으면, 내게는 위임권이 없는 셈이다. 그리고 위임권이 없는 책임은 혼란과 불행, 고민만 야기할 뿐이다.

문제: 상관을 도우려고 자원봉사를 너무 자주 해서 본래 내 업무보다 과도하게 일을 하고, 회사의 권위 체계가 불분명해졌다.

해결법: 다음번에는 자원하지 말 것. 충동을 억제하라. 나는 모든 것을 처리하려고 거기 있는 게 아니고, 사장도 그 사실을 알고 있다.

여직원은 '위임권 없는 책임'이란 게 끔찍한 것인 줄 모르고 상관이 시키기도 전에 자원하는 경향이 있다. 상관은 우리가 그의 문제를 해결해 주리라 기대하지 않는다. 그리고 우리가 그렇게 자주 자원한다면, 상관은 그것을 당연시하게 된다.

돕겠다고 나서지 않기가 얼마나 어려운지 잘 안다. 나 또한 지금까지도 나서지 않으려고 참아야 할 정도니까. 하지만 상관이 상황이 나쁘다고 불평하는 것은 그저 감정을 털어놓고 싶어서일 뿐이라는 사실을 터득하게 되었다.

그가 나에게 회계 부서의 짐이 일을 제대로 못한다고, 부하 직원들이랑 잘 지내지 못한다고, 늘 티격태격 문제가 생긴다고 말한다 치자. 여성은 문제를 처리하도록 훈련받았기 때문에 나는 "그렇군요. 참 힘들겠네요"라고 말하는 대신 "짐과 아주 가까운 사이거든요. 제가 짐이랑 이야기해 볼까요?"라고 반응한다.

아니 그러지 말 것. 절대로 그런 식으로 나서지 말 것. 상관은 나에게 조치를 취하기를 기대하고 말한 게 아니었다. 하지만 내가 먼저 나서면 그는 거절하지 않는다. 거절할 이유가 없잖은가. 그는 아무 보상도 해줄 필요가 없으니까. 절대 그가 먼저 부탁하지 않았다. 그저 툴툴댔을 뿐인데 내 쪽에서 나선 것이다.

그 일을 맡음으로써 이력에 큰 도움이 되리라 확신할 때만 나서도록 하자. 하지만 제대로 상황을 파악하도록. 나는 이런 상황에서 일을 처리하겠다고 자원하고 나서서, 감정이 폭발하는 걸로 끝나지 않은 경우를 보지 못했다. 상관은 나의 선의를 당연하게 받아들이기 시작하고, 내가 상관한테 화가 나거나 일을 많이 떠맡고 있다고 자각할 즈음에는 너무 늦어버렸다. 그렇게 되면 상관의 '귀염둥이'가 되어 장래가 밝아지기는커녕 상관과의 관계가 고약해진다.

게임 요령: 거의 모든 남성이 거의 모든 여성을 하인처럼 부리는 경

우가 많다. 경계하도록. 누군가 프레젠테이션을 하는 데 물이 필요하다면, 나는 그를 위해서 물을 갖다 줄 수 있다. 하지만 내가 늘 물 당번이라는 인상을 남겨서는 안 된다.

내가 아는 여성 임원은 프레젠테이션을 하는 사람에게 물이나 커피 심부름을 하는 걸 좋아한다고 말한다. 남성 동료들처럼 잘난 체하는 사람으로 보이지 않고, 프레젠테이션하는 사람이 늘 그녀를 우호적으로 기억하기 때문이라는 것이다.

하지만 심부름꾼처럼 보일까 봐 걱정이 된다면, 물통과 가장 가까운 사람에게 속삭이거나 쪽지를 보내, 프레젠테이션하는 사람에게 물이 필요하다는 것을 알리도록 하자.

마찬가지로, 회의 때마다 내가 나서서 쪽지를 보낼 필요는 없다. 어느 곳에도 여성이 비서 노릇을 해야 한다는 규칙은 없다. 한번 봉사했으면, 다음에는 회의 참석자가 돌아가면서 그 일을 맡도록 분위기를 이끌어야 한다.

하지만 너무 딱딱 부러지게 순서를 정해 일을 시키면, 비협조적이거나 자기 방어가 심한 사람으로 보인다. 모두 돌아가면서 일을 하게 할 방법을 찾아보자.

회의실 중앙에 앉아라

상황 : 상관이 회의실에서 대규모 회의를 소집했다. 탁자 의자
는 열 개고, 벽 쪽에 이십여 개의 좌석이 마련되어 있다.
남성의 태도 : 탁자 의자에 앉는다.
여성의 태도 : 벽 쪽 의자에 앉는다.

이런 시나리오를 상상해 보자. 팀이 경기장에서 경기 중인데, 갑자기 한 자리가 빈다. 벤치에는 네 선수가 앉아 있다. 한 선수가 코치에게 뛰게 해달라고 사정하고 있고, 나머지 셋은 뒤로 멀찌감치 물러앉아 있다.

사실 현실감 있는 시나리오는 아니다. 경기에 임하는 것은 곧 경기장으로 뛰어나갈 준비가 되어 있다는 뜻이기 때문에 멀찌감치 물러앉아 있다는 것은 있을 법한 일은 아니다. 코치가 나가라면 언제든 나갈 준비가 되어 있을 것이다. 늘 능력을 갖추고 있어야 하며, 보여주어야 한다.

이와 비슷한 회사 풍경은 회의실에서 열리는 회의 광경이다. 회의 참석자보다 탁자 의자가 부족하기 마련이다. 탁자 앞에 못 앉는 사람들은 벽 쪽에 앉거나 회의실의 구석 자리에 앉는다. 혹은 상관의 뒤통

수를 보며 뒤쪽에 앉기도 한다.

여직원은 그런 주변부 의자에 앉는 경향이 있다. 탁자는 상관과 주요 인사의 자리, 또는 주변부에 앉으면 불평하는 사람들, 즉 남자 직원의 자리라고 치부한다.

성실하고 생산적인 팀 플레이어로 인식되고 싶다면, 우리 여성도 주요 남성들과 함께 탁자에 앉아야 한다는 사실을 인식할 때가 되었다.

회의 탁자에 앉느냐, 회의실 구석 책장 옆에 앉느냐는 내가 얼마만큼 당당한 인물인지를 보여주는 것이다. 아무리 아는 게 많아도 '외야석'에 앉아 있으면 부림을 당하는 사람에 불과해 보인다. 상관이 내 얼굴을 보면서 내 목소리를 들으려면 앉은 자리에서 몸을 움직여야 하는데, 상관이 그렇게 하면서까지 내 견해를 구하지는 않을 것이다.

> 문제: **탁자에 앉는 것이 불편하다. 특히 모두 앉을 자리가 없을 때는 더 심하다.**

해결법: **내 앞을 휙휙 지나쳐 중심부를 차지하는 남자 직원과 나의 차이점은 자신감이다.**

남성은 일찍이 탁자 자리를 차지해야 한다는 것을 배운다. 그래서 그 자리를 지키기 위해 싸우는 일이 편안하다. 눈에 띄면 싸움에서 반은 이긴 셈이다. 보이지 않으면 게임을 펼칠 수가 없다.

자신감이 없는 모습을 보여 이력을 망치지 말라. 자기를 파악하자. 나는 거물급만 상관이 앉은 탁자에 앉을 수 있다고 생각하는가? 그 자리에 앉으면 더 똑똑한 사람의 자리를 차지하고 있다는 생각이 드는가? 일에 참여하라는 요구를 받을 경우 실력 없음을 들킬까 봐 걱정되는가?

이런 가슴 아픈 생각에서 벗어나기 위해, 여성은 어디 앉느냐가 중요하지 않은 체한다. 내가 양보하면 남자 직원들이 그렇게 좋아하는데 뭐 하러 다투겠느냐고 말하는 여성을 수십 명쯤 만났다. 그런 시각에서 양보하는 것은 명예로운 처신으로 보인다. 여성은 잘난 체하려 하지 않는다.

한데 이것은 잘난 체의 문제가 아니다. 딴 사람들에게 내 존재를 깨닫게 해주는 것의 문제다. 매일 아침 출근하면 내 존재를 나타내야 한다.

그렇다고 매주 열리는 주례 회의에서 좋은 자리를 차지해야 한다는 말은 아니다. 사람들은 저마다 좋아하는 자리가 있으므로, 내가 유별나게 자리를 차지하려는 태도를 보이면 불쾌한 세력 다툼으로 인식될 수도 있다. 하지만 지정석이 없는 회의에 참석하게 될 때도 많을 것이다. 내가 알고 있는 주제의 회의에 참석하게 되면, 용기를 내어 탁자로 걸어나가 앉도록 하자.

게임 요령: 상징적으로 말해 직장 생활에서 매사에 '벽 쪽 좌석이 아닌 탁자에 앉도록' 하자. 예를 들면 회사 파티에서 남자 직원들이 거래처 사람을 독점하게 해서는 안 된다. 사장은 계속 파티장을 돌면서 누가 제대로 역할을 하고 있는지 확인한다. 만일 내가 구석에서 동료와 안전하게 숨어 있다면 점수가 깎일 것이다.

나의 존재를 사방에 알리자. 예를 들면 100명쯤 모이는 비즈니스 강연에서 청중석의 앞줄에 앉는다. 여성은 이런 강연장에 들어가면, 친하지 않은 친구의 결혼식장에 온 사람처럼 뒤쪽에 앉아야 한다고 생각한다. 하지만 결혼식에 참석하더라도 하객보다는 주최측인 것처럼 행동하는 습관을 기르자.

앞줄에 앉으면, 연사와 눈을 맞출 수도 있고 주제에 대해서도 잘 이해하게 된다. 하지만 주변부에 앉으면, 정보도 대충 받아들이기 마련이다. 앞줄에 있으면 귀기울여 들을 수밖에 없지 않은가.

그와 동시에 앞줄에 앉으면 주목의 대상이 되는 데 익숙해질 것이다. 동료들은 앞에 앉은 나를 보고, 내 이미지를 다시 생각하지 않을 수 없게 된다.

명심할 사항: 탁자에 열두 개의 의자가 있어서 전통적으로 두 자리 정도는 여성에게 할당된 몫이라면, 그중 한 자리를 내가 차지해야 한다고 생각하지 말 것. 어떤 자리든, 업무든, 직위든 겨우 여직원 몫으로 보이는 것을 놓고 경쟁하는 것은 함정에 빠지는 꼴이다. 그래선 안된다. 여성 몫으로 할당된 자리가 아니라, 회사 내의 어떤 자리든 차지할 수 있다고 믿을 때에만 경쟁해야 한다.

유머 감각을 길러라

상황 : 힘든 회의가 계속되고 있다. 회의장에 긴장감이 팽팽하다. 그때 한 남자 직원이 농담을 던진다. 별로 우습지도 않고, 모두 들어본 적이 있는 얘기다.

남성의 태도 : 소리내어 웃는다.

여성의 태도 : 웃지 않는다.

소리내어 웃든, 씩 웃거나 생긋 미소짓든 뭐든 좋다. 남성은 유머가 긴장을 완화시킨다는 사실을 오래전에 배웠다.

하지만 여성은 불행히도 남성처럼 재치 있는 말로 받아넘기고, 타인의 등을 두드리거나 자기 무릎을 치면서 웃으며 즐기는 것을 배우지 못했다. 여성의 유머 감각은 관찰한 일, 상황적인 내용 쪽으로 기울어져 있다. 더욱이 여성은 남성처럼 서로 농담을 주고받지 않는다. 적어도 성장할 때는 그렇다. 농담을 먼저 시작하는 법도 배우지 못했다.

코미디언 필리스 딜러가 한 말이 기억난다. 그녀는 개그를 하면서 겪은 가장 큰 어려움이 "여자는 농담을 하지 못한다"라는 인식이었다고 말했다.

이런 점을 생각해 보자. 여성은 할 이야기가 있다며 사람들에게 주목하라고 요구하기보다는, 회사 파티에서 사장 부인을 독점한 이상하게 생긴 남성에 대해 얘기하면서 킬킬대기를 더 좋아한다. 그런데 힘든 회의 중에는 이렇게 상황을 설명해야 하는 우스개는 통하지 않는다.

물론 유머 감각이 없는 남성도 아주 많다. 하지만 그들은 대개 긴장을 해소하기 위해 농담을 던질 줄은 안다. 그런데 그럴 줄 아는 여성은 거의 만난 적이 없다.

이것은 우리 여성의 잘못이 아니다. 여성은 일을 잘하는 데만 신경 쓰느라, 남성에게 우리가 그 일을 할 수 있음을 보여주는 것만 걱정하느라, 약간 경솔해 보일 정도로 긴장을 풀지 못한다.

또 진짜 그 농담이 우스워서 웃는 것이 아니라 함께 웃으면 동지애가 생길 수 있다는 점을 깨닫지 못한다. 은퇴한 풋볼 선수가 게임에 대한 추억을 쓴 글을 읽어보면, 그가 그리워하는 것은 게임이나 관중의 함성이 아니라 함께 뛴 선수들과의 우정이었음을 알게 된다.

문제: 남자 직원들은 여자 직원들이 지나치게 진지해서 유머 감각이 없다고 생각한다.

해결법: 지나치게 진지해지지 말 것.

전 워싱턴 레드스킨스의 풋볼 선수 존 리긴스는 어느 만찬 파티에서 샌드라 데이 오코너 대법원 법관에게 "긴장 좀 푸세요, 샌드라 베이비"라고 말했다나. 남성식으로 농담하지 못한다고 해서 재미있어하거나 참여하지 못한다는 뜻은 아니다. 그저 흔쾌하게 웃어주는 것만으로도 좋다. 적어도 남성 동료는 나를 유머 감각 없는 여성으로 보지 않게 될 것이다. 유머 감각이 전혀 없는 사람이라면 높은 자리에 올라갈 수 없다는 게 내 생각이다.

난 농담을 잘할 줄 모르고 앞으로도 그럴 테지만, 내가 손뼉을 치며 웃을 때마다 남성 동료들은 놀란 표정을 지으며 "이렇게 재미있는 분인 줄 몰랐는데요"라고 말한다. 그들은 마치 새로운 별종이라도 발견한 듯한 태도를 보인다.

몇 년간 함께 일한 남성은 내가 우스갯소리를 할 때마다 웃으며 "또 웃기시네요"라고 말한다. 그 말 자체가 우리끼리의 농담이 되었다(별 것 아닌 우스개지만, 어쨌든 함께 웃을 수 있으니 좋다).

내가 재미난 이야기는 못한다고 해도 함께 자리한 사람들에게 그들의 농담에 반응을 보인다는 것만은 알게 하자. 때로 재미없는 얘기에 웃어야 되는 상황도 벌어질 것이다. 하지만 어머니들은 안다. 자녀가 어처구니없는 농담을 해도 즐거운 듯 웃어야 되는 때가 얼마나 많은지를. 또 똑같은 우스갯소리를 수없이 들어야 되지 않던가. 그럼에도 나는 늘 쾌활하게 웃는다. 내 아이들과 손자들을 사랑하니까. 내가 즐거워하는 것이 그들에게 얼마나 중요한지 아니까.

흥을 깨는 사람과 같이 있고 싶어 하는 사람은 없다. 누군가 농담을 할 경우, 그것이 설사 네 번째 듣는 얘기더라도 살짝 미소지어 주면 그뿐이다.

게임 요령: 지저분한 농담의 경우 남성에게나 여성에게나 좋을 게 없다. 여성이 탈의실 비슷한 곳에서 그런 종류의 이야기를 하면 결국

뒤끝이 말끔하지 않게 끝나고 만다. 여성 동료가 상당히 음탕한 농지거리를 하는 것을 가끔 듣는다. 그것은 분위기를 바꿀 수 있을진 몰라도 그 순간뿐이다. 여성이 농담을 하는 것이 힘들긴 하지만, 지저분한 농담은 절대 삼가야 한다.

요즘은 직장에 성과 관련된 긴장감이 팽배하고, 성희롱에 대한 규칙도 많다. 나와 안 지 오래된 남성들은, 잘 모르는 여성 관계자와 대화할 때 피해야 할 화제가 뭐냐고 자문을 구하곤 한다. 그때마다 나는 한 가지 충고를 한다. 성과 관련된 화제는 멀찌감치 밀어놓으라고.

CHAPTER 6

PLAY LIKE A MAN,
WIN LIKE A
WOMAN

직장에서 남성은
할 수 있지만
여성은 할 수 없는
행동 여섯 가지

❝ 중요한 사람이 되려면 여성은 남성처럼 되지 말고 더 여성다워져야 한다.❞

— 샐리 E. 쉐이비츠(의사, 집필가)

〈애니, 총을 들어〉라는 뮤지컬에서 애니 오클리와 경쟁자 프랭크 버틀러가 부르는 〈네가 할 수 있는 일이라면 나는 더 잘할 수 있어〉라는 유명한 듀엣곡이 있다. 비즈니스의 맥락에서 보면 이 곡의 제목은 〈네가 할 수 있는 일이라면 나도 할 수 있지만, 결과는 비참해〉로 바꿀 수 있을 듯하다.

프로 스포츠에는 여전히 여성을 환영하지 않는 종목이 있다. 우리 여성은 팬이 될 수도 있고, 기자가 될 수도 있다. 심지어 참정권도 부여받았다. 하지만 표면적으로 여성의 경기 참여를 금하는 스포츠 종목이 있다. 몇 종목 안 되긴 하지만, 어쨌든 여성을 팀원으로 받아들이지 않는다.

비즈니스에서는 여성이 불청객인 상황이 몇십 년 전에 끝났지만, 그렇다고 여성이 문에 들어서면 언제나 환영받는다는 뜻은 아니다. 결코 그렇지 않다. 첫 번째 여성 메이저리그 야구 선수가 남성 선수와 다른 대접을, 더 모진 대접을 받을 것처럼, 여성은 직장에서도 매사에 감시

당하고 있다. 남자 직원이 받는 대접과는 크게 다르다. 우리는 여성 나름의 기준이 아니라 남성의 기준으로 평가받는다. 그것은 어떤 일을 남성은 자유롭게 할 수 있지만, 여성은 그럴 수 없다는 의미다.

이것은 여성이 승진하지 못했을 때 울 수 없다는 의미는 아니다. 직장 동료와 연애를 못한다는 것도 아니며, 비서에게 소리치지 못한다는 뜻도 아니다. 다만 여성이 울고, 연애를 하고, 소리를 치면 그 결과는 남성이 그런 행동을 했을 때와는 사뭇 다르다는 것이다. 그런 행동을 할 경우 여성은 큰 대가를 지불하게 된다. 게임판에서 자리가 바뀌고, 사람들의 시선도 달라진다.

언젠가 어느 권위 있는 비즈니스우먼에 대한 기사를 읽었다. 그 여성은 일단 권력의 어느 자리에 도달하자, 주변 남성들에게 자기는 당황하거나 화가 나면 언제든 울음을 터뜨리니까 거기에 익숙해져야 할 거라고 선포했다. 그녀는 남자 직원들이 자기가 우는 모습을 보고 마음 불편해하더라도 상관하지 않았다. 자신의 감정을 더 이상 억누르지 않았다. 그냥 눈물이 나면 흘릴 작정이었다.

앞으로 읽게 되겠지만, 남성과 여성이 다른 기준으로 판단되는 행동에는 여러 가지가 있다. 그 가운데 한 가지가 우는 것이다. 하지만 이런 행동의 결과를 완전히 이해하고, 그런 행동을 내게 이익이 되도록 쓸 수만 있다면 밀고 나가도록. 성에 차도록 안절부절못하고, 울고, 소리치도록.

남성은 울 수 있지만
여성은 그럴 수 없다

노스캐롤라이나의 상원 의원이었던 로치 페어클로스는 상원 의원 재선에서 떨어지자, 기자 회견 중에 눈물을 뿌렸다. 언론은 그의 행동을 두고 감정을 강력하게 표현했다고 평했다. 반면 전직 국회의원이었으며 당시 대통령 후보였던 팻 슈로이더가 텔레비전에서 울자, 남성들은 능글맞게 웃었다. 그리고 그저 여자다운 처신이라고만 했다.

사람들은 남성이 눈물을 흘릴 거라고 기대하지 않기 때문에, 혹시 눈물을 흘리더라도 아무 일 없이 지나간다. 남성들은 권력자는 울지 않는다고 믿는다. 그러니 그런 사람이 울 때는 반드시 그에 합당한 이유가 있을 거라고 생각한다.

반면 여성은 잘 운다고 생각한다. 그래서 여성이 울면, 남성들은 자연스러운 본능이라고 생각한다. 더 나쁜 경우 여성이 눈물을 게임 도구로 이용하고 있다고 생각한다. 눈물을 무기로 내세워 남성에게 죄책감을 느끼게 함으로써 남성을 조종하려 든다고 믿는다.

여러 해 전, 내가 아는 라이벌 언론사의 한 남성이 해고당했다. 그는 당당하게 사장실에 들어가서는 왈칵 눈물을 쏟았다. 아내가 자기를 얼마나 존경하는데 차마 해고 사실을 털어놓을 수 없노라고 사장에게 하소연했다. 그리고 이제 해고당했으니 자녀들의 사립 학교 학비를 감당할 수 없게 되었다고, 사교 클럽에서도 빠져야 되게 생겼다고 징징댔다.

사장은 어떻게 반응했을까? 몹시 안쓰럽게 느꼈다. 그 임원이 억울하게 해고당해서가 아니라(이미 오래전에 해고당해야 했다), 사장 자신도 그런 일을 당하면 똑같은 사정에 처할 터이기 때문이었다.

'나랑 똑같이 밥벌이를 책임진 사람이 또 한 명 있구나. 내가 이 사람의 입장이었다면 어떻게 됐을까? 나도 이렇게 무너지려나?'

결국 사장은 인사부에 전화해서, 그 임원에게 6개월치 해직 수당을 더 주도록 지시했다.

한 달 후, 그 사장은 어느 여성 임원을 해고했다. 그녀가 사장실에 와서 울자, 사장은 마음이 불편했다. 그녀가 나가자, 사장은 사장실 밖에 있던 직원에게 "저 여자를 내보내기로 한 것은 옳은 결정이었어. 사무실에서 감정을 주체하지 못하고 무너지다니 믿을 수가 있어? 자기 감정 하나 주체하지 못하는 사람이 내 회사에서 일하는 것은 사절이라구"라고 말했다.

> ## 남성은 성관계를 가질 수 있지만 여성은 그럴 수 없다

대규모 회계법인에서 일하는 한 여성에게 이런 고백을 들은 적이 있다.

"내가 이 회사에서 성공한 주요 이유 중에는, 여기엔 매력 있는 남자들이 없다는 것도 들어가지요. 유혹을 느낀 적이 없거든요."

이것은 그저 웃고 지나갈 얘기가 아니다. 나는 여성들에게 남편감 물색을 하는 게 아니라면 매력 없는 남성들이 포진해 있는 일자리를 찾으라고 충고한다.

직원이 매력적이든 아니든 성적인 긴장감이 팽팽한 회사가 있다. 처음 면접할 때 건물에 들어선 순간 느낄 수 있다. 직원들이 서로를 쳐다보는 눈길에서도 알 수 있고, 오가는 말의 뉘앙스에서도 알 수 있다.

이런 회사는 피해야 한다. 이런 회사야말로 여성이 성과 관련된 일에 얽혀들기 쉬운 직장이다. 그리고 일이 그렇게 되면, 여성은 패배한다.

남성은 직장에서 성관계를 갖고도 별 탈없이 지나가기 쉽다. 이유? 둘 사이에 연애 감정이 사라지고 싸움이 시작되면, 힘있는 사람이 힘없는 사람을 밀어내려는 음모를 꾸미기 마련이니까. 일반적으로 직장에서 높은 자리를 차지하고 있는 쪽이 남성이므로, 상대 여성을 해고시키거나 전출하거나 한직으로 밀어내는 것으로 연애 사건을 마무리

하기 마련이다. 만약 남성이 불이익을 받는다고 해도 거의 미미한 수준이다.

성관계를 가진 여성의 경우, 직위가 강등되거나 해고당하지 않더라도 여전히 오명을 뒤집어쓰고 있다. 사람들은 늘 그녀를 다른 눈으로 바라본다. 그리고 그녀가 이룬 성공이 성적인 기교 때문이라고 말한다. 이렇게 되면 팀에서 존경받지 못하게 되고, 필요한 선수가 되지 못한다.

남성의 경우, (면직 처분을 제외하면) 성희롱 재판을 받는 것이 최악의 경우다. 재판에서 여성이 승리하기 위해서는 합의에 의하지 않은 성관계였음을 증명해야 하는데, 2년 전의 일을 증명하기란 어려울 수밖에 없다.

게임 연구: 얼마 전, 동부의 대규모 제조업체의 고위직 여성 임원이 서부의 작은 회사로 옮겼다. 장기적으로 많은 수입이 보장되는 곳으로 이직한다는 게 공식 이유였다. 하지만 실제 이유는 이랬다. 그 여성은 유부남 부사장과 연애를 하다가 관계가 끝났다. 두 사람은 직급이 같았고, 로맨스가 시작되었을 때 여성 임원은 그런 사실 때문에 안전하게 느꼈다. 그녀는 유부남과의 관계가 영원히 계속되지 못할 것을 알았고, 관계가 끝나자 둘 다 예전 생활로 되돌아가리라 짐작했다.

한데 그녀가 계산에 넣지 못한 부분이 있었다. 회사에 도는 소문. 부사장급에는 그녀 외에 여성이 셋, 남성이 스물다섯 명이었다. 여부사장 한 명에게만 연애 이야기를 털어놓았는데, 남성들이 모두 아는 것 같았다. 애인이었던 남성에게 따졌지만, 그는 아무에게도 말하지 않았다고 했다. 그의 말이 사실이냐 아니냐는 중요하지 않았다. 피해는 이미 입었으니까.

이후 혼외정사 얘기만 나오면, 사무실에 있는 남성 전원의 눈길이 그 여성에게 쏠렸다. 혹시 누가 성과 관련된 농담이라도 던지거나 성과 관련된 조소 띤 분위기가 되면, 그녀는 자기 이야기를 한다고 느꼈다. 회사에 접대 행사라도 있으면, 남성 임원들은 성향응을 베풀라는 듯 그녀에게 눈치를 주었다.

어쩌면 그 여성 임원이 신경과민이었을 수도 있고, 아니면 실제로 남성들이 그녀를 참혹하게 만들었을 수도 있다. 어쨌든 그녀는 더 이상 자신의 목표를 성취할 수 없음을 깨달았고, 결국 회사를 떠났다.

03 PLAY LIKE A MAN WIN LIKE A WOMAN

남성은 안절부절못할 수 있지만 여성은 그럴 수 없다

소프트웨어 관련 대기업에서 일하는 가까운 친구가 내게 들려준 이야기다. 그는 여성 한 명과 남성 일곱 명과 회의 중이었다. 떠오르는 별이었던 여성은 가끔 손목시계를 손톱으로 톡톡 치다가 끽 소리를 내곤 했다. 그녀가 그럴 때마다 최소한 한 명의 남성이 쳐다보았다. 그리고 당연히 못마땅한 눈길을 보냈다. 그 순간, 회의에 집중하지 못하고 그녀를 쳐다봐야 했다는 뜻이다.

회의가 시작된 지 한 시간쯤 지났을 때, 역시 떠오르는 별이라 할 수 있는 남성이 손가락으로 탁자를 두드리기 시작했다. 회의실에 있는 사람 모두 그의 이런 행동을 본 적이 있기 때문에, 슬슬 지겨워하는 그의 속마음을 파악했다. 그는 높이 평가받는 인물이었으므로, 그의 이런 태도는 다른 참석자들에게도 전파되었고, 곧 회의는 끝났다.

여성은 안절부절못한다. 어릴 때의 습관대로 손끝으로 두드리거나 머리칼을 돌돌 말거나, 옷주름을 편다. 불안감을 나타내는 행동이다.

나는 손가락으로 손톱의 연한 살갗을 밀어내는 습관이 있었다. 그럴 때는 다른 사람이 보지 못하도록 손을 무릎에 올렸다. 여러 해 전, 어떤 남성 임원이 내게 "임원씩이나 되어서 그렇게 지각 없는 행동을 왜 하느냐"고 무뚝뚝하게 쏘아붙였다. 나는 곧 그 습관을 고쳤다. 손을 밑으로 내리고 있는데도 누군가 봤다는 사실에 화들짝 놀랐던 것이다.

남성은 여성의 짜증스러운 작은 습관을 '짜증스러운 작은 습관' 그 자체로 받아들인다. 그들이 보기에 여성은 이런 습관을 통해 세상에 '나는 불편하다, 불안하다, 당황스럽다'고 광고하는 셈이다.

하지만 남성이 탁자를 톡톡 내리치면, 사람들은 그가 조바심을 내는 것으로 받아들인다. 그것은 "지겨워죽겠군. 그만하면 충분히 들었으니까 이쯤에서 끝냅시다"라는 소리 없는 메시지로 인식한다.

남성이 게임하는 식으로 게임을 풀어가고 싶다면, 내가 하찮게 보일 만한 짓은 하지 말아야 한다. 그런 작은 습관을 버리지 못하면, 영향력을 잃게 된다.

게임 요령: 회사에서 고위층으로 올라가면, 사장실과 이사회실의 좋은 쿠션이 놓인 커다란 의자에 앉을 기회가 점점 많아진다. 이런 의자는 너무 커서, 거기 올라앉으면 다시 아이가 된 기분이 들기도 한다. 주요직의 여성 임원이 이런 의자에 앉아 있다가, 갑자기 열두 살짜리 애처럼 안절부절못하는 광경을 여러 차례 본 적이 있다.

안타깝게도 사무실 가구는 남성을 위해 제작된 것들이다. 가구 회사에서는 임원용 가구를 만들 때 남성을 고려할 수밖에 없을 것이다. 그러니 여성에게 임원용 가구는 불편할 수밖에 없다. 손을 앞으로 놓고 등을 꼿꼿하게 세우고 당당한 자세를 보여야 하지만, 의자는 너무 낮고 테이블은 너무 높은 경우가 많다. 혹은 몸을 움직여 편안한 자세를 취하려고 하면, 테이블이 너무 낮고 의자가 너무 높은 경우도 있다. 발을 바닥에 놓지 않으면 당당한 자세로 앉아 있다는 느낌을 받기가 힘들다.

남성이 지배하는 세계에서 의자에 당당하게 앉는 법을 배우자. 내 사무실에서 내가 공간을 좌우하는 것처럼 보이려면, 몇 가지 간단한 기술을 발휘해야 한다. 공간에 짓눌리지 않도록. 몸을 앞으로 숙이고 의자 끄트머리에 앉아 당당한 태도를 취한다. 편안한 자세를 찾으면 그대로 유지한다. 나만 해도 솔직히 말해 내 방의 임원용 책상과 의자에 적응하는 데 몇 년이 걸렸다.

언젠가 여성이 우리가 쓸 가구를 디자인할 힘을 발휘할 때가 올 것이다. 상상하기 힘들지만, 사무실 가구가 여성의 체구에 맞춰져서, 남성이 편안한 자세를 취하느라 안절부절못하게 될 순간을 기대해 보자.

남성은 소리칠 수 있지만 여성은 그럴 수 없다

최근에 CNN 복도에서 남성 임원과 여성 임원이 대판 말다툼을 벌였다. 10분도 못 되는 시간 동안 나는 예닐곱 명에게 그들의 싸움 소식을 전해 들었다. 즉 회사 내에 빠른 속도로 소문이 퍼져나갔다는 뜻이다.

나는 여성 임원이 몹시 화가 난 나머지 남성 임원에게 '비열한 자식'이라고 했다는 것을 안다. 또 그 남성 임원도 마찬가지로 나쁜 말을 했다는 것을 안다.

한데 남성이 그것 외에 무슨 말을 했는지, 혹은 무슨 행동을 했는지는 정확하게 모르겠다. 소문을 전한 사람들 모두 그 여성 임원의 말과 행동에 대해서만 이야기했기 때문이다. 두 사람 다 똑같이 큰 소리로, 똑같이 화가 나서 고함을 질렀는데도 말이다. 사람들은 그 여성 임원의 행동에 경악했다.

남성이 목소리를 높이고, 사람들이 보는 데서 분노를 터뜨리고, 얼굴이 벌겋게 달아올라도 아무도 놀라지 않는다. 사람들은 남성은 큰 소리를 내기 마련이라고 받아들인다. 평생 타인에게 으르렁대며 사는 사람들이니까. 남성은 게임을 하면서 상대 선수들에게, 자기 팀 선수들에게, 관중들에게 고래고래 소리를 지른다. 심지어 자기 자신한테도 소리를 지른다.

하지만 여성은 분노를 억제하도록 교육받는다. 당황하거나 오해받거나 상처 입으면, 그 느낌을 안으로 삭이라고 배운다. 반면 남성은 밖으로 감정을 표출한다. 자기가 아니라 자기를 화나게 하는 대상을 비난한다. 통계를 보면 미국 여성 중에 모든 원인을 자기에게로 돌리는 여성 수가 늘어나고 있으며, 거기에 식욕부진증과 폭식증을 앓는 여성 수를 합하면, 여성이 분노를 얼마나 마음속으로 삭이고 있는지 알 수 있을 것이다.

여성이 분노를 내보이면, 사람들은 불편해하고 겁낸다. 그 여성을 까다롭고 품위 없는 여자로 본다. 사람들은 그녀가 소리칠 권리도 없다는 듯이 행동한다. 결국 관계 속에서 여성의 역할은 참고, 속으로 삭이고, 타협하는 것이다.

남성은 여성이 분노를 표출하는 것을 여성스럽지 못하다고 보기 때문에, 자제력을 잃은 것으로 판단한다. 부정적으로 받아들인다는 뜻이다.

하지만 직급이 위로 올라가면서, 나는 신중하게 소리지르는 게 적당한 묘책이 될 수도 있음을 깨달았다. 직원들이 실수하거나 목표에 이르지 못할 때, 가끔 큰 소리로 명확하게 실망감을 표시해야 직원들이 계속 생기 있게 일에 임한다. 사람들은 질책을 당할 거라고 예상하는 지점이 있다. 그 지점에서 자극받지 않으면 열심히 노력하지 않게 된다. 그 '자극'이 상관의 노여움인 경우가 자주 있다.

하지만 내 경우 화를 낼 때는 극도로 조심한다. 여성이 너무 자주 화를 내면, '팥죽 할멈'(달리 뭐라고 표현할까?)처럼 보이기 마련이다. 여성의 경우 분노를 비밀 무기로 쓸 때 가장 효과가 크다. 화는 아껴두었다가 전략적으로 써야 한다는 뜻이다.

우린 타인에게 화낼 권리가 있다. 하지만 화가 날 때는 깊이 심호흡을 하고, 하고 싶은 말이 무엇인지 심사숙고해야 한다. 그리고 흥분하지 말고 차분히 말해야 한다. 이것이 감정을 억제하지 못한다는 얘기를 듣지 않으면서, 내가 가진 힘을 충분히 발휘할 수 있는 방법이다.

게임 요령: 많이 생각한 후 합당한 분노를 표출할 경우, 후에 사과하고 화해하고 싶은 본능이 생기더라도 자제하라. 자녀에게 화를 내며 벌주는 경우를 생각해 보자. 우리가 옳은 일을 했다고 느끼면 나중에 사과하지 않는다. 직장에서도 마찬가지다. 마땅히 화낼 일에 화를 내고 표현했다면, 이내 그 감정을 극복한 다음 계속 앞으로 나아가야 한다. 요란하게 화를 내고 얼른 후회를 표시하면, 자가당착에 빠지는 꼴이다.

05 PLAY LIKE A MAN WIN LIKE A WOMAN

남성은 매너가 나빠도 되지만 여성은 그럴 수 없다

딸애가 열네 살이 되자, 나는 나흘짜리 에티켓 코스에 보냈다. 딸애가 거기서 배운 내용 중에는 일부 쓸모 없는 것도 있었다. 사실 엘리자베스 여왕에게 예의를 갖춰 인사할 기회가 몇 번이나 있을까? 하지만 딸애에게 그런 기회가 생긴다면, 확실히 준비되어 있긴 하다.

하지만 에티켓 코스의 교육 내용 대부분은 행동할 때의 기본 규칙에 대한 것이었다. 어떤 사교 모임에서든지 적절하게 처신할 줄 모르는 여성은 불이익을 당하기 때문이다.

남성은 만찬 석상에서 어떤 스푼을 사용해야 할지, 트림을 어떻게 커버할지, 언제 감사장을 보내야 할지 반드시 알 필요는 없다. 만약 어떤 남성이 실수를 저지르면, 아무 불이익을 당하지 않고 그냥 넘어갈 수 있다. 상당한 권력이 있는 남성이라면 특히 그렇다.

이런 상황을 살펴보자. 최근 방송된 텔레비전 프로그램 〈프레이저〉의 내용이다. 프레이저 크레인의 형제인 나일스는 막강한 변호사에게 이혼 소송을 의뢰한다. 변호사는 첫 장면에서, 땀에 절은 옷을 벗고 양복으로 갈아입는다. 얌전히 갈아입는 것도 아니고 제멋대로 옷을 벗어 내던진다. 그것도 소송 의뢰인인 크레인 형제들 앞에서.

이 장면을 본 시청자는 변호사가 대단한 인물임을 알아차린다. 능력이 뛰어난 변호사가 아니고서야 의뢰인 앞에서 그렇게 예의 없이 상스럽게 굴 수 있을까?

만약 여성이 그런 행동을 할 경우 아무 일 없이 넘어갈 수 있을까? 그럴 가능성은 희박하다. 여성이 그런 행동을 했다 해도 권위 있는 인물로 간주되지 않을 것이다. 그저 불쾌한 행동으로 생각될 것이다. 남성은 예의를 모르고 미숙하고 추잡하게 굴어도 그냥 넘어간다. 하지만 여성은 그렇지 않다.

게임에서 승리한 후 남자 선수들이 어떻게 하는지 생각해 보자. 그들은 승리 축하 저녁 식사를 하러 가서 걸신들린 듯 먹어댄다. 그 자리에서 가장 멋진 사나이는 가장 많이 먹고 마시며 최악의 행동을 하는 사람이다. 무릎에 냅킨을 펴고 얌전히 앉아, 맥주를 조금씩 마시면서 나이프와 포크를 사용해 식사하면 분위기를 깨는 사람으로 취급당한다.

여자아이들은 말끔하게 숙제를 하고, 에티켓을 지키고, 글씨를 또박또박 써야 칭찬을 듣는다. 훈련받은 대로 얌전히 행동해야 '착한 아이'라는 말을 듣는다. 훈련받은 대로 얌전히 행동하는 남자아이에게는 다른 이름이 붙여진다.

백악관에 가든 지방 공무원과 만나든, 우리는 제대로 처신하는 법을 알고 싶어한다. 정해진 대로 행동하는 것을 중요하게 여긴다. 실수를 저지르면, 내가 그것밖에 안 되는 인간인지, 경쟁력이 없는 인간은 아닌지 회의를 품게 된다.

딸애가 배운 코스에서 가장 흥미로운 사실은 누가 참석했느냐였다. 나는 남부에서 사교계에 데뷔하는 아가씨들이 대부분일 거라고 짐작했지만, 사실 그런 경우는 드물었다. 거기에는 성인 여성이 네 명 있었다. 두 사람은 비서였고, 한 사람은 비즈니스우먼, 한 사람은 젊은 여의사였다.

그들에게 참석한 이유를 묻자, 비서들은 상관이 옛날 학교 출신이라 그에 맞게 사교 모임과 직업적인 상황 양쪽 다 적절하게 대처하고 싶기 때문이라고 대답했다.

의사는 나이 든 의사들과 종합병원에서 벌어지는 정치적인 상황을 다루는 방법을 배워야 되기 때문이라고 했다. 그리고 병원에서 승진하는 데 방해가 될 수 있는 처신을 피하고 싶다고 말했다.

비즈니스우먼은 자기와 동급인 중간 간부들이 하나같이 대단한 대학 출신이거나 부유한 가정 출신이라 특권층을 다루는 방법을 알고 있는데 자기는 그렇지 못하기 때문에 이런 교육 프로그램을 찾아왔노라고 대답했다. 만찬 파티를 개최하는 방법을 모른다는 이유로 승진 기회를 빼앗기는 꼴은 당하고 싶지 않으니까.

06 PLAY LIKE A MAN WIN LIKE A WOMAN

남성은 추해도 괜찮지만 여성은 그럴 수 없다

지난달 친구 조앤이 어느 회의에서 연설을 했을 때의 일이다. 그녀를 비롯해 여성 연사들은 강연할 중년 남성이 다리가 허옇게 보일 만큼 짧은 바지를 입은 것을 보고 웃었다. 그뿐이 아니었다. 양말이 헐렁해서 구두까지 내려왔는데, 그 구두 역시 너무 오래 신어 형편없이 닳은 상태였다.

한편 조앤은 연단으로 나가면서 스타킹에 올이 풀린 것을 알아차렸다. 그녀가 얼마나 당황했을지 상상이 된다. 조앤은 남들이 못 볼 거라고 생각했다. 연설이 끝나고, 스타킹을 갈아신기 위해 서둘러 호텔 방으로 올라가려고 엘리베이터에 탔다. 그런데 등뒤에서 한 여성이 일행에게 방금 강연한 사람의 스타킹의 올이 풀렸던데 봤느냐고 속삭이는 소리가 들렸다.

남성의 경우 사교적인 면에서 실수를 하고도 용납되는 것처럼, 용모 상의 실수도—타이의 얼룩, 떨어진 단추, 짝짝이 양말 등—아무렇지 않게 여기는 듯싶다. 하지만 여성은 아무리 중요한 인사라고 해도, 심지어 바느질상의 실수조차 타인의 눈길을 피할 수 없다. 조그만 실수 조차 그녀가 세부 사항을 모르거나 신경 쓰지 않거나 주의하지 않는다 는 증표가 되어버린다.

스타킹의 올 풀림은 그런 증표로 인식된다(솔직히 스타킹의 제조 방 식은 여성이 위엄 있게 직장 생활을 하기 어렵게 하지만, 이건 또다른 주 제니 여기서 할 이야기는 아닐 듯싶다). 여성이 그런 느슨한 태도를 보 일 경우에는 그냥 넘어가지 못한다.

최악의 문제는, 남성만 그런 일로 우리를 비평하는 게 아니라는 점 이다. 여성끼리도 서로 그런 걸 얘깃거리로 삼으니 그게 더 큰 문제다. (엘리베이터의 여성들을 보라.)

게임 요령: 사람들이 비판의 대상으로 삼는 것은 비단 여성의 옷차 림만이 아니다. 여성의 외모, 여성의 체중, 여성의 구취에 이르기까지 대상이 안 되는 게 없다.

예를 들어보자. 내 생각에 체취나 구취가 심한 사람은 일을 하기가 쉽지 않을 것 같다. 한데 일을 하면서 그런 문제를 가진 남성을 많이 만났건만, 아무도 그런 얘기를 하지 않았다. 그러나 내가 아는 여성 중 간 간부는 구취 때문에 더 이상 승진을 하지 못했다. 동료들은 그녀와 만나거나 같이 회의를 하지 않으려 했다. (그녀는 신진대사 이상을 앓고 있는 듯한데, 사람들은 그런 얘기를 그녀에게 어떻게 전달해야 좋을지 알지 못했다.)

구취와 마찬가지로 체중 또한 걸림돌이 된다. 여성의 체중에 대한 선입견은 많이 나아졌지만, 남성은 여전히 어떤 여성이나 날씬해지고 싶어 한다고 믿는 경향이 있다. 그래서 날씬하지 않은 여자를 보면, 자기 절제력이 약해서 그런 거라고 짐작해 버린다. 그렇게 자기 통제력이 약하다면 일을 진행하는 데도 문제가 있다고 생각하는 것이다.

하지만 뚱뚱한 남성의 경우, 체중이 중요한 인물이나 부유한 인물의 증표로 인정되는 경우가 많다. 할리우드의 유명한 영화 제작자는 자신의 거구를(그 뚱뚱한 몸에 옷도 야하게 아무렇게나 걸치고 다닌다) 워낙 큰 권력을 휘두르기 때문에 외모에 신경을 쓸 필요가 전혀 없다는 이미지를 심는 수단으로 이용한다. 그가 힘을 발휘할 수 있는 동안만은 이런 전략이 먹혀들 것이다. (하지만 힘을 잃는 순간, 전략을 바꿔야 될 것이다.)

CHAPTER 7

PLAY LIKE A MAN,
WIN LIKE A
WOMAN

남성과 여성이
서로 다르게 해석하는
단어 열 가지

> " 나에게 죄책감을 느끼지 않는
> 여성 한 명만 보여주면, 나는
> 그런 남성을 보여주겠다. "
> — 에리카 종(저술가, 페미니스트)

이 책을 집필하면서 남성과 여성 모두 인터뷰를 했다. 대화를 나누는 중에 '규칙'이란 어휘에 대해 남성과 여성이 서로 다르게 해석한다는 사실을 알게 되었다. 남성은, 내가 여성이 따라야 할 확실한 규칙에 대해 책을 쓰고 있다고 짐작했다. 말하자면 특별한 안내서로 인식했다는 것이다. 그들에게 게임의 규칙은 말 그대로 '규칙'이다.

게임에 임하면서 남성은 먼저 어떤 질문을 할까? 누가 먼저 나가는가? 어떻게 점수를 유지할 것인가? 시간이 얼마나 걸리는가? 모든 규칙을 깰 수 있는 반항아로 나서지 않는 남성이라면 그런 규칙에 따라서 경기를 펼친다. 규칙을 달리 적용하려는 남성은 거의 없다.

하지만 내가 만난 여성들은 규칙을 가이드라인이나 요령, 제안 정도로 생각했다. 나 역시 마찬가지다. 여자아이들은 게임을 할 때 이런 질문을 한다. "내 친구도 같이 해도 되니?", "게임을 조금만 더 오래 해도 될까?", "엄마 심부름을 해야 되는데 내가 30분 후에 다시 와도 되겠니?"

여성은 규칙과도 관계를 맺고 싶어 한다. 필요하다면 각자 처한 상황에 맞춰 규칙을 바꿔 적용하려고 생각한다. 예를 들면, 한 팀에 다섯 명이 전후반 각기 30분씩 뛰는 게임을 한다고 하자. 여성은 잠시 중지하고 저녁 식사를 해도 되겠는지, 혹은 게임을 내일로 미루어 계속해도 될지, 한 팀에 두 사람씩 추가시켜도 될지, 작은 공 대신 큰 공으로 경기를 해도 될지 묻는다. (남자 선수 열 명이 경기에 임했다면, 그 열 명은 한 시간 동안 뛰고 끝낼 것이다.)

예상치 못한 사건에 적응하기 위해, 같은 팀원이 마음의 상처를 받지 않게 하기 위해, 혹은 최대한 많은 인원이 경기에 참여하게 하기 위해 여성은 상황이 허락하는 대로 마음 편하게 규칙을 다시 정한다.

사실 아이디어를 기록하자마자, 몇 가지 아이디어는 재고해야겠다는 생각이 든 일이 있었다. 그 이야기를 남성 동료에게 했더니, 그는 놀란 표정을 지으며 말했다.

"기분에 따라 규칙을 바꿀 수는 없어요."

'규칙'이란 어휘는 남성과 여성에게 각기 다른 의미를 지닌다.

오랜 세월 직장 생활을 하면서, 남성과 여성이 각기 다르게 받아들이는 열 개의 어휘를 만났다. 그것은 바로 이런 것들이다.

예스
(그 의미 그대로)

　　몇 해 전, 어느 대규모 회의에 참석했을 때의 일이다. 강하게 주장할 안건을 들고 참석한 사람도 몇 명 있었다. 제일 많이 장내를 휘저은 사람은 한 여자 임원이었는데, 그녀는 자기 부서의 예산을 올려달라는 주장을 가지고 회의에 왔다.

　　그녀는 완전히 준비를 갖춰 회의장에 도착했다. 각종 파일이 든 서류 가방은 불룩하게 튀어나왔고, 메모장에는 휘갈겨쓴 내용으로 가득했다. 그녀는 강력한 어조로 발표하기 시작했고, 발언 시작 1분도 지나지 않아서 사장이 말을 막으며 "옳은 말이오. 요구대로 해주겠소"라고 말했다.

　　그 여성은 잠시 말을 멈추더니, 다시 말하기 시작했다. 사장은 다시 한 번 말을 막고 "예스라고 대답했잖소"라고 말했다.

　　하지만 그 여성은 계속 준비한 내용에 대해 말했다.

　　"내가 예스했는데"라고 사장이 다시 말했지만 소용이 없었다. 그 여성은 계속 설명해 나갔다. 그러자 사장은 양손을 들면서 "좋소. 마음을 바꾸었소. 대답은 노요. 그러니 이제 말을 중지하겠소?"라고 화를 냈다.

　　여성이 회의에 참여해서, 얻어내지 못하리라고 생각한 것을 요구하는 발언을 했는데 호의적인 대답을 얻을 경우 이런 일이 종종 벌어진다. 예스라는 대답을 얻어내고 나서도 계속 열을 올려 말하는 것이다.

'예스'는 말 그대로 예스다. '노'라는 대답을 들을까 봐 내가 아무리 시간과 공을 많이 들여 준비해도 일단 '예스'라는 대답이 떨어지면 그뿐이다.

하지만 여성은 그냥 '예스'에 만족하지 못하고 궁극적인 확답을 들어야 된다고 생각한다. "사랑해요. 나와 결혼해 주겠소?"란 남성의 청혼에 여성은 "진심이에요? 정말인가요? 내가 압력을 넣어서 그렇게 말하는 건 아니겠죠? 언제 그런 감정을 깨달았어요? 나의 어떤 점이 가장 마음에 들었죠?"라는 반응을 보인다.

여성은 왜 그럴까? 한 가지 이유로, 어릴 때부터 여자아이들은 사람의 마음을 조종하는 방법을 배운다는 점을 꼽을 수 있겠다. 예를 들면 우리는 어머니나 아버지께 새 남자 친구와의 데이트 허락을 받아야 될 때나 먼 동네에서 열리는 파티에 참석하고 싶으면, 빙빙 돌려서 이야기를 했다. 원하는 답을 얻기 위해서는 질질 끌면서 몇 번이고 우리 처지를 설명했다.

그런데 직장은 가정이 아니다. 원하는 것을 얻으면 안아들고 입을 다물어야 한다.

또 한 가지 복잡한 요인을 꼽아보면, 직장 여성은 보호받을까 봐 계속 방어를 한다는 점이다. 상관이 내가 회의에 참석한 유일한 여성이라는 이유만으로 '예스'라고 답해 줄 수밖에 없게 되는 것은 우리가 원하는 바가 아니다. 상관이 나의 설득력 있는 설명을 처음부터 끝까지 다 듣고 내 의견이 옳다고 결정하기를 원한다. 그가 나의 견해에 동감을 표하기를 원하는 것이다.

다시 한 번 '관계'가 이슈가 된다. 여성은 두 사람을 사장과 직원의 관계로 본다. 사장이 긍정적인 대답을 한다고 해도 무덤덤하게 '예스'라고 하는 것보다는, 상호 공감대가 형성된 토대 위에서 합의에 이르기를 바라는 것이다. 여성은 내가 필요한 인물이라는 감정을 맛보고 싶어 한다. 하지만 남성은 호의적인 대답을 듣고 싶어 할 뿐이다.

학창 시절에는 친하기 때문에, 모두가 나를 좋아하기 때문에, 내가 영리하기 때문에 누군가 내 생각에 동의했을 수도 있다. 하지만 비즈니스에서 '예스'라는 대답을 얻는다면, 내가 매력적이어서가 아니다. 내 아이디어가 납득이 되는 얘기기 때문에 사람들이 동의하는 것이다.

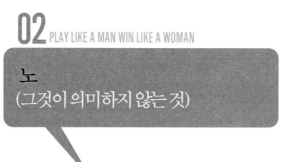

02 PLAY LIKE A MAN WIN LIKE A WOMAN
노
(그것이 의미하지 않는 것)

5장에서도 봤듯이 여성은 '노'를 가장 두려운 언어로 보는 경향이 있다. 열 살 무렵 '노'라는 대답을 들으면 우리는 눈물 콧물 다 흘리는 드라마를 연출했다.

"엄마 아빠가 제니네 집에서 자게 허락해 주지 않으면, 제니는 나랑 다시는 친구 하지 않으려 할 거라구요!"

이런 예를 검토해 보자. 최근 젊은 여직원이 눈물을 흘리며 내 사무실로 찾아왔다. 그녀는 사장에게 새 프로젝트를 기획했으니 진행하게 해달라고 요청했지만, 사장은 '노'라고 대답했다. 지금은 그 일을 진행하기엔 시기가 나쁘다고. 그게 사장이 말한 전부였다. 시기가 나쁘다는 것.

하지만 그 여성은 완전히 낙심했다. 자기 아이디어가 좋다고 자신하고 사장을 찾아갔는데 뜻대로 되지 않았기 때문이다. 이제 그녀는 다시는 그 아이디어를 입에 올리고 싶어 하지 않았다. 자신감이 산산이 무너져버렸다. 몇 주일 동안이나 계획했던 일이 아무것도 아닌 게 되어버렸으니.

나는 이렇게 말했다.

"잠깐만. 그러니까 사장은 시기가 나쁘다고 말했잖아. 사장은 아마서른 가지도 넘는 일을 챙겨야 될걸. 그래서 이 프로젝트까지 신경 쓸여유가 없는 거지. 사장은 그저 다음에 다시 오라는 이야기를 했을 뿐인데 뭘 그래."

한 시간도 넘게 말한 후에야 그녀를 설득할 수 있었다.

여성은 '노'를 완전한 패배로 받아들이기 때문에, 아예 거절당할 마음의 준비를 하고 질문하는 경우가 많다. 예를 들면 "기대하지는 않습니다만 그래도 혹시……를 생각해 보셨는지요?"라든가 "혹시 제게 ……해 주실 수 있을지 모르겠군요"라든가 "혹시나 만의 하나라도제가 ……할 가능성이 있겠습니까?"라는 식으로 운을 뗀다.

며칠 전, 한 여직원이 회의가 끝난 후 상관에게 다가가서 "제가 자격이 없다는 것은 잘 압니다. 그리고 다른 사람들이 이미 부탁드렸는지도 모르겠습니다만, 저를 새 프로젝트에 투입할 것을 한번 고려해 주실 수 있는지 궁금해서요"라고 말하는 광경을 보았다.

상관이 거절하자, 그녀는 고개를 끄덕이며 동의했다. 두 사람이 의견의 일치를 본 것 같아 보였다. 하긴 그녀가 적임자가 아니라는 데 그녀 자신이나 상관이나 동의하긴 했다.

다시 한 번 말하건대 '노'는 내가 요구하는 사항이 뭐가 됐든—그 시기든, 그 사람이든, 그 방식이든—실현되지 못한다는 의미일 뿐이다. 그것은 내가 머리가 좋고 재능이 뛰어난 것과는 상관이 없다. 내가 결국 성공하느냐와는 전혀 무관하다.

캘리포니아의 어느 하청 회사 사장으로 있는 작은아들의 말을 빌리면 다음과 같다. "난 '노'라는 말을 좋아해요. 내게는 윗사람이나 고객을 설득해서 '예스'라는 대답을 얻어낼 전략을 생각해 내는 첫걸음이 바로 '노'라는 대답이거든요."

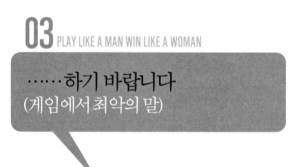

03 PLAY LIKE A MAN WIN LIKE A WOMAN

······하기 바랍니다
(게임에서 최악의 말)

"나는 이 책을 읽고 난 뒤 독자 여러분 모두가 얻는 게 있기를 바랍니다."

"이 책이 잘 팔리기를 바랍니다."

"또 책을 쓰게 되길 바랍니다."

혹시 내가 그런 말을 한다면, 나를 가만히 두지 마시길.

'바란다(hope)'는 영어 어휘 중 가장 무기력한 말이다. 왜냐? 그렇게 말하면 내가 무슨 행동을 취한 것 같은 기분이 들지만, 실제로는 아무 행동도 취하지 않으니까.

여자아이들은, 여성은 가만히 앉아서 미소짓고, 영리하게 굴고, 매력적으로 행동하면 세상이 저절로 우리 발 아래 무릎을 꿇을 거라고 믿도록 양육된다. 여자아이들은 학교에서 가장 미남인 남자애가 파티에 가자고 초대하는 일이든, 미국 최초의 여성 대통령이 되는 일이든 여성은 그런 태도를 취해야 한다고 믿는다. 꼭 우리 모두 신데렐라가 되어, 요정 할머니가 우리의 소원을 들어주기를 기다리고 있는 것 같다.

어린 소년들도 꿈을 꾼다. 하지만 세상은 그들에게 꿈을 꾸는 것만으로는 부족하다는 것을 가르친다. 열두 살짜리 소년도 결승점 홈런을 치는 것을 상상하면서 배팅 훈련을 착실히 받는다. 그는 매일 열심히 연습하고, 교본에 나온 내용을 암기한다. 또 공을 받아칠 때 느끼는 감각을 상상하기도 한다.

여자애들은 상상 놀이에서, 읽고 있는 동화 속에서, 친구와의 이야기 속에서, 스스로 어떤 일을 하기보다는 자기에게 그 일이 이루어지는 것을 상상한다. 능동적이지 못하고 수동적인 태도를 갖게 되는 것이다.

나는 사무실에서도, 길바닥에서도 매일 이런 패턴을 목격한다. 최근 세인트루이스에 가서, 규모가 큰 젊은 저널리스트 집단과 대화를 했다. 나중에 생기 있는 젊은 여기자 스무 명이 내게 와서, 앞다투어 명함을 내밀었다. 하나같이 나 같은 일을 하는 게 꿈이라고 말했다. 가능성이 있을까요……?

나는 그 여성들의 야망에 관심을 표명했다. 그리고 편지를 써보라고 격려했다. 만일 새로운 일자리를 심각하게 고려한다면, 전략을 세우고 내게 연락하라고 말해 주었다. 그리고 애틀랜타로 돌아왔다. 하지만 나는 그 여기자 중 한 명도 내게 연락하지 않으리라는 것을 경험으로 잘 알고 있었다. 그리고 실제로 단 한 명한테도 연락을 받지 못했다.

그들은 내게 명함을 준 것만으로, 내가 그들의 소속 신문사나 방송사에 연락해서 특파원으로 만들어주리라 생각했을까?

만일 남성의 경우 내게서 일자리를 얻고 싶다면, 그는 틀림없이 다시 연락을 취한다. 만약 그에게 연락이 없으면, 나는 다른 일자리를 잡았기 때문에 연락하지 않는 거라고 짐작한다.

어떻게 해야 여성이 그저 '바라는' 것을 넘어서서 행동으로 옮기게 될까? 여성은 '원한다'라는 말을 써야 한다. 그것은 남성이 쓰는 어휘다. '나는 ……하길 바란다'가 아니라 '나는 ……를 원한다'고 말해야 한다.

"나는 저 자리를 원한다."

"나는 그만큼 봉급을 받기를 원한다."

"나는 매니저가 되길 원한다."

내가 원하는 바를 큰 소리로 말하면, 그 생각에 힘이 실리게 된다. 그것은 계획을 실행에 옮기는 첫걸음이다.

동화에서 그렇듯 '바란다', '소원' 같은 말에는 온통 마법이 담겨 있다. 하지만 비즈니스와 인생은 결코 마법이 아니다. 최근 네 명의 성공한 여성과 위원회에 참석한 적이 있다. 그들에게 성공 비결을 묻자, 하나같이 "다른 사람보다 열심히 일하고, 명석하다"고 대답했다.

성공은 누군가 나를 성공시켜 주기를 바라고, 기도하고, 소망하는 것이 아니다. 성공이란 내가 성공하고 싶다고 결정하는 것이고, 그후에는 성취하려고 노력하는 것이다.

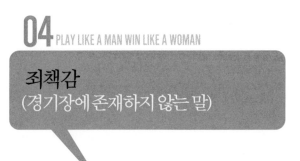

04 PLAY LIKE A MAN WIN LIKE A WOMAN

죄책감
(경기장에 존재하지 않는 말)

나는 '죄책감'을 '자기가 잘못했다는 믿음 때문에 갖는 고통스러운 자책감'으로 정의한다. 이것을 그림으로 나타내기는 어렵지만— 가장 가까운 그림은 '교수대'란 말 바로 옆에 있을 것 같다 —만약 그런 그림이 있다면 아마 여성 임원이 주인공인 장면이 될 가능성이 많다.

우리 여성은 늘 죄책감에 시달린다. 착한 소녀로 자라도록 키워지고, 이후에는 스스로 착한 마음의 희생자가 된다. 우리는 슈퍼우먼이 되어, 모든 것을 해낼 수 있기를 원한다. 그러다가 실패하면 낙심한다. 스스로 교수대에 올라가는 꼴이랄까.

죄책감은 참혹한 기분에 빠지게 할 뿐 아니라 일을 제대로 수행할 능력을 저하시킨다. 별로 중요하지 않은 작은 일을 제대로 못했다고 자기를 꾸짖고 있다면 어떻게 계속 목표를 응시할 수 있겠는가? 밤늦도록 회사가 나아갈 방향을 논의하는 중요한 회의에 참석해 앉아 있지만, 토론 내용에 집중할 수가 없다. 하지 않은 일들—부모님께 전화를 드리지 않았다, 생일 케이크를 미리 주문해 두지 않았다, 대학 동창회에 연락을 취하지 않았다 등등—이 자꾸만 마음을 괴롭히기 때문이다.

이렇게 생각하자. 나는 몇 가지 일을 잊고 못했다……. 흔히 일어나는 일이다. 내가 실수를 저질렀다……. 누구나 할 수 있는 일이다. 그게 뭐 어쨌다고 그리도 마음을 쓸까?

회의에 참석한 남성은 퇴근하면서 저녁 식사 거리를 사가지고 가기로 했는데 회의 때문에 그 약속을 지키지 못하게 돼도 걱정하지 않을 것이다. 그는 음식을 사가지고 가지 않아도 가족이 굶지 않으리라는 것을 안다. 또 지금 중요한 것은 회의의 결과임을 안다. 그는 작은 사소한 일들의 수렁에 빠지지 않는다. 필요하다면 햄버거를 사가지고 간들 그리 큰일이 있을까.

'죄책감'이란 말은 경기장에서는 존재하지 않는다. 규칙만 지킨다면 이겼다고 해서 죄책감을 느끼지는 않는다. 혹은 상대편과 부딪쳤다고 해서 죄책감을 느끼지는 않는다. 선수들은 게임에만 집중한다. 게임 하나에만 신경을 쓴다.

여성이 매사를 제대로 할 수 없다는 것은, 모든 것을 잘못한다는 뜻은 아니다. 자신을 편안하게 놓아주자. 인생이 완벽하지 않게 돌아갈 때마다 죄책감을 느낀다면, 매순간 죄책감에 시달리게 될 것이다.

> ## 죄송해요
> (실수했을 때만 쓰는 말)

남성 부서장이 여직원에게 사내 우편물 배달이 늦다, 회사가 순이익 예산을 축소해서 다시 잡고 있다, 직원들이 왜들 일을 제대로 못하는지 모르겠다, 사장이 부서의 실적이 형편없다며 화를 낸다, 이대로 직장 생활이 끝나는 게 아닌가 모르겠다고 불평을 늘어놓는다고 하자.

여성은 이 모든 얘기에 하나같이 "죄송해요"라고 반응한다.

"죄송해요"는 여성이 입에 달고 사는 말이다. 이 말을 너무 자주, 너무 많이, 너무 여러 맥락에 써서 실제로는 본래의 의미가 사라졌다. 그저 할말이 없을 때 무의미하게 중얼대는 말이 되어버렸다. 여성들은 거의 모든 말을 '죄송하지만'으로 시작한다.

"죄송하지만 부탁 좀 드려야겠는데요……", "이렇게 되어서 죄송하지만……", "……그 일은 죄송해요"라는 식이다. 이것은 다른 사람과 관계를 맺기 위한 시도다. 다른 사람이 우리 말을 들어주지 않는다는 게 문제긴 하지만.

우리가 '죄송하다'고 말할 때는 뭘 잘못해서 그런 말을 하는 것은 아니다. 만약 잘못했다면 그렇게 희미하게 사과조로 중얼거리지 말고, 확실하고 분명하게 왜 실수가 일어났는지, 어떻게 벌충을 해야 할지, 다시 그런 일이 일어나지 않게 하려면 어떻게 해야 할지 설명해야 한다.

나는 내가 한 일에 대해 진정으로 미안하면, 그 일을 깊이 후회하고 진정으로 염려하고 있다고 말하지만, '죄송하다'고는 말하지 않는다.

남성은 '죄송하다'는 말을 들으면, 상대가 실수를 저지른 것으로 받아들인다. 상관에게 직원이 판매를 망쳐서 회사가 거래처 한 곳과 계약 연장을 못했다는 말을 들으면, 같은 부서의 여성은 "죄송합니다"라고 반응한다. 여성은 그게 적절한 행동이라고 생각한다. 하지만 상관은 상대가 뭔가 잘못해서 사과한다고 여긴다. '왜 자기가 죄송하다고 그러지? 잘못한 게 하나도 없는데. 혹시 뭘 잘못한 건가?'라고 생각하는 것이다.

'죄송하다'고 말하는 것은 내가 상대를 위로하는 능력이 있는 사람인 것과는 전혀 관계없다. 아니, 오히려 내가 무관심하다는 암시를 주는 것과 다름없다. 진심으로 하는 말이라면, 그렇게 많이 죄송하고서야 어디 사람이 살 수 있을까.

공격적인
(대담하고 추진력이 있는)

여기 아주 흔히 연출되는 장면을 보자. 사장이 중요한 자리에 인원을 배치하려 한다. 대상 인원을 면접하는 중 남성 지원자는 자기 능력을 뽐내면서, 자기야말로 그 자리에 적격이라고 설명한다. 그리고 사장에게 자기를 뽑아달라고 채근한다. 그가 면접실을 나가자, 사장은 그를 공격적인 인물이라고 칭찬한다.

이제 여성 지원자가 들어와서, 능력에 대해 비슷하게 자신하면서, 자기야말로 탁월한 선택이라고 말한다. 사장에게 당장 결정하라고 재촉한다. 사장은 그녀가 당돌하고 건방지고 어려운 여자라고 판단한다. 그 여성이 방에서 나가자, 사장은 그녀를 공격적인 인물이라고 비판한다.

직장에서 '공격적인'이란 말은 다양한 의미를 갖는다. 남성이 다른 남성에게 '공격적'이란 말을 쓰면 대담하고 추진력이 있음을 뜻한다. 그가 이기고 싶어 하며, 목표를 이룰 만한 힘과 능력을 갖추고 있음을 의미한다. 하지만 남성이 여성을 설명할 때 이 말을 쓰면 의미가 변한다. 강압적이고, 말이 많으며, 오만하다는 뜻이 된다.

여성에게 '공격적'이란 말은 적대적이고 거칠고 가차 없음을 내포하며, 남녀 관계없이 적용된다. 이것은 다른 사람과 타협하기보다는 다른 사람을 정복하는 것에 관한 말이다.

간단히 말해, 남성들은 다른 남성에게는 긍정적인 의미를 부여하지만, 여성에게는 부정적인 의미를 적용한다. 그들은 여성을 '독단적인' 사람으로 몰아댄다. 여성이 앞으로 나아가고 싶어 하면 '독단적'이라고 몰아붙인다는 뜻이다.

남성이 성공하기 위해 공격적일 필요가 있다면, 왜 여성 역시 공격적이면 안 될까? 긍정적인 의미가 남성에게만 적용되도록 내버려 둔다면, 여성은 잠재력을 빼앗기게 되는 것이다.

07 PLAY LIKE A MAN WIN LIKE A WOMAN

싸움
(투쟁이 아닌 순간적인 충돌)

제이콥과 잔느는 오랫동안 같은 대기업에서 일했다. 그들은 입사 동기로 똑같이 부사장이 되었다.

성공한 직장인들이 그렇듯, 제이콥은 직장 생활을 하면서 성공과 실패를 거듭했고, 최근에는 자신이 회사 내에서 불리한 입지에 몰려 있음을 알게 되었다. 하지만 그는 과거에 그랬듯이 살아남을 거라고 자신했다. 그러다가 전혀 예상하지 못했던 사실을 알게 되었다. 잔느가 뒤에서 자기를 공격하고 있었음을 알게 되었던 것이다.

이유? 두 사람은 10년 전, 업무를 두고 심한 다툼을 벌였다. 당시 잔 느는 싸움에 뛰어들기를 주저했다. 제이콥은 가차 없이 싸우기로 작정했고, 결국 승리를 거두었다.

잔느는 일단 싸움에서 지자 조용히 지내는 것 같았다. 두 사람은 예전의 평온한 직장 생활로 되돌아갔다. 하지만 잔느는 제이콥을 계속 음해했다. 마침내 그녀는 그에게 회복 불가능할 정도의 흠집을 입힐 방법을 찾아냈다.

제이콥은 싸움이 계속되고 있는 줄 전혀 몰랐다.

공격. 전쟁. 싸움. 남성들의 싸움에는 뭔가—뭐라고 해야 좋을까?—강하고, 기품 있는 것이 있다. 규칙 같은 것이 있다. 반칙하지 않는다. 등 뒤에서 공격하지 않는다. 안경을 쓴 사람의 얼굴을 주먹으로 때리지 않는다.

남성은 싸움을 좋아한다. 어릴 때 남자아이들끼리 잘 싸운다. 싸울 마음이 없어질 때까지 맞붙어 싸운다. 야구나 농구를 할 때, 심지어 스케이트를 타거나 둔한 하키 유니폼을 입고도 싸운다(로드니 데인저필드는 "저번 날 밤에 싸우러 갔더니 하키 게임이 벌어졌다"는 유명한 말을 남겼다). 양로원 직원은 여든 살이 넘는 남성들끼리 현관 앞자리를 두고 주먹 다툼을 벌인다고 말했다.

하지만 여성은 무슨 일이 있더라도 싸움은 피한다. 이따금 두 여성이 서로 뺨을 때리는 광경을 목격할지 모르지만, 여성이 오랫동안 큰 소리를 지르는 것은 보지 못했다. 또 여성끼리 게임을 하다가 싸움이 붙은 것을 본 기억도 없다. 게임에 지거나 화가 나면 그저 흥! 하고 콧방귀를 뀌면서 쿵쾅쿵쾅 가버린다. 게임을 하다가 정말로 마음이 상했을 때는 공이나 게임판을 들고 휙 가버리면 그만이다.

여성끼리 맞붙어 싸움을 벌이는 경우는 거의 없다. 마음에 상처를 입을 경우에는? 남자애들은 눈에 멍이 들도록 싸운다. 하지만 여자애들은 매몰찬 표정을 지을 뿐이다.

우리는 싸움을 스포츠의 일부로 보지 않기 때문에, 공정한 싸움이란 개념을 모순으로 여긴다. 싸움은 일어나서는 안 되는 것이다. 그런데도 만일 싸움이 일어나면 규칙 따위는 내던져버린다. 어미 고양이가 새끼 고양이를 구하려 할 때는 못할 행동이 없다. 어미 고양이는 필요하다면 상대를 죽이는 것을 포함해서 할 수 있는 모든 일을 한다.

남성에게는 싸움이 게임의 일부다. 싸움에서 한 사람이 이기고 한 사람이 지면, 승자는 패자에게 술을 한잔 산다. 상대에게 숨쉴 공간을 줘가면서 싸워야 한다. 그래야 다시 게임을 계속할 수 있다.

다음에 남성 동료와 싸움에 돌입하게 되면, 여성인 나는 싸움을 목숨을 건 투쟁으로 생각하는 반면, 상대편 남성은 순간적인 의견 충돌 정도로 본다는 점을 염두에 두자. 그는 우리 여성보다 싸움의 과정을 훨씬 즐겁게 여길 것이고, 그런 이유 때문에 이쪽 여성은 더 빨리 싸움을 종결지으려 할 것이다.

게임
(또다른이름은재미)

　　남성과 여성이 이 어휘를 다른 개념으로 인식하는 것은, '게임'이 관계에 적용될 때는 위험한 어휘가 되기 때문일 것이다. 예를 들면, "난 조이랑 더 이상 만날 수 없을 거야. 그는 우리 관계를 '게임'처럼 생각하더라구"라는 말이 나올 수 있다. 어쩌면 우리 여성이 남성처럼 게임을 잘하지 못하기 때문인지도 모른다. 혹은 여성이 남성이랑 게임을 벌이면 질 게 뻔하다고 느끼기 때문인지도 모른다. 그래서 '게임'이란 말을 들으면 왠지 신경이 곤두서게 되는 것이다.

　　남성은 '게임'이란 말을 들으면 씩 웃는다. 이 단어가 '재미'를 의미하기 때문이다. 그들은 게임을 하면 자기가 이길 거라고 생각한다. 그러니 싫어할 이유가 있을까?

　　여기 남성들의 비결이 있다. 시늉만 해서는 CEO가 되지 못한다. 자기 일에 대한 열정을 유지할 방법을 계속 찾아내지 못하면, 도중에 주저앉고 만다.

　　그런 이유 때문에 남성은 직장 일을 게임으로 바꿔버린다. 일을 게임으로 보면, 새로운 게임을 고안하고, 새로운 전략을 창출하는 데 도움이 된다. 적을 패배시킬 새로운 전략을 수립하기 쉬워진다. 일을 게임으로 보면, 일하는 동안 재미를 느낄 수 있다. 그게 남성의 비결이다.

나는 CNN에서 섭외 담당자, 프로듀서들과 일을 하면서 이런 현상을 경험한다. 직장 일을 게임이라고 인식하고 있으므로, 진짜 뛰어난 사람은 어렵고 도전적인 부분을 자기 일의 일부로 받아들인다. 그들은 완전히 불가능한 일을 할 방도를 꿈꾸면서 즐거움을 느낀다. 아무도 텔레비전에 나타나리라 상상하지 못했던 사람들을 섭외하는 모습을 떠올리며 재미를 맛본다.

일을 게임으로 보는 것은 나와 일의 영역을 굳건하게 해주는 최상의 방법이다. 상관 때문에 분개하거나, 새로 온 동료 때문에 짜증스러워 하거나, 다가올 프로젝트 때문에 정신이 없는 여성을 수없이 많이 봤다. 또 일을 손에서 놓지 못하고 퇴근 시간이 훨씬 지나도록 자리만 지키는 여성도 많다.

만일 힘든 상황에 처하게 된다면, 감정적으로 무너지지 말도록. 거래처 몇 군데를 잃거나 승진하지 못했다 해도, 그 속상한 에너지를 한데 모아서, 성공에 다다를 새로운 게임 전략을 세우는 등의 건설적인 일에 쓰도록 하자.

모든 게임은 나름의 종료 시간이 있음을 염두에 두어야 한다. 게임이 끝나면 그것으로 종료되는 것이다. 그러니 진다 한들 뭐 그리 대수인가? 다음 게임이 시작되는 순간, 누구나 다시 한 번 승자가 될 가능성이 있다. 이미 지나간 실패를 놓고 계속 고민한다면, 다음 게임에 임할 준비를 하지 못한다.

유리 천장
(여성의 표현이 아닌 남성의 표현)

한 친구에게 어린 시절 이야기를 들었다. 친구는 오빠와 오빠 친구들과 카우보이와 인디언 놀이를 하기도 하고, 경찰과 도둑 놀이를 하기도 했다. 대부분 놀이에 참여한 여자애는 내 친구 혼자뿐이었다.

게임을 하는 동안 내 친구가 잘할 때마다 오빠는 "여긴 여자 금지 구역이야!"라고 소리치곤 했다. 친구는 금지 구역이 뭔지, 왜 그런 게 있는지 이해하지 못했고 항상 게임에서 이길 기회를 놓치곤 했다. 내 친구는 오빠가 놀이에 끼워주는 것이 좋아서 규칙을 지켰다. 혼자서 노는 것보다는 그들 틈에 끼여 노는 편이 더 재미있었으니까.

요즘 이따금 '유리 천장(여성 승진의 최상한선, 즉 여성의 승진을 가로막는 장벽이라는 의미)'에 대한 질문을 받을 때마다 나는 "금지 구역 같은 건 없어요!"라고 소리치고 싶다.

결국 유리 천장—각 회사 위계의 꼭대기 부근에 있는, 여성이 뚫고 지나갈 수 없는 투명한 가로막—은 남성이 만들었을 가능성이 있지 않을까? 최고위직에 오른 여성이 없다는 이유만으로 정말 유리 천장이 있다고 받아들여야 할까? 혹시 그 지점은 우리가 넘을 방법을 아직 터득하지 못한 자연적인 저항점일까?

과거에 여성은 많은 이런 '천장'을 뚫고 지나갔고, 그때마다 천장은 조금씩 위로 올라갔다. 일단 부사장 직위로 올라가자, 천장 높이는 선임 부사장직이 되었고 그 다음에는 사장까지 올라갔다. 현재 CEO 아래 단계까지 천장이 올라간 셈이다. 우리는 미국 기업이 여성들의 손에 들어올 때까지 이 은유법을 적용할 수 있을 것이다.

유리 천장의 개념에는, 남성이 여성을 동등하게 대접하지 않아도 되는 구실을 준다는 문제가 있다. 상대가 "넌 나를 이길 수 없게 되어 있어"라고 말하는 게임이 어디 있는가? 또 그 말을 내가 믿는가? 한데 왜 직장에서는 그런 말이 통한다고 생각할까?

승진의 사다리를 타고 올라가다가 어느 지점에서 멈추는 여성이 많은 것은 사실이지만, 그렇다고 해서 그것을 '유리 천장' 탓으로만 돌릴 수는 없다. 거기에는 여러 복잡한 요소가 얽혀 있다.

요소 1: 우리에겐 균형 잡힌 생활을 하려는 욕구가 있다. 예를 들어, 최고위층이 되면 나머지 생활을 할 짬이 없을 텐데 하고 걱정하는 여성이 많다. 이런 생각은 유리 천장 같은 종류의 신화다. 중간 간부 중에는 CEO보다 더 열심히 일하는 사람이 많다. 최고위급이나 중간 간부급이나 생활이 다를 게 없다.

요소 2: 우리 여성은 최고위급으로 이어지는 분야를 택하지 않는 경향이 있다. 여성은 전문가가 될 자리보다는 주로 여성이 많이 종사하는 직종을 택한다. 그 때문에 전통적으로 CEO로 뛰어오를 발판이 되는 자리에 포진한 여성이 별로 없는 것이다.

비즈니스계의 여성 문제를 다루는 비영리 단체 '케이털리스트'는 "회사에서 영향력을 발휘하는 직위의 성비를 보면 여성은 6.8퍼센트에 불과하다. 여성의 승진을 막는 가장 큰 장애물을 꼽으라면 바로 이것이다"라고 발표했다. 달리 표현하면, 더 많은 여성이 전문가의 자리와 회사에서 영향력을 발휘할 자리를 추구해야 한다는 것이다.

요소 3: 자신감 부족. 우리는 "할 수 있다"와 "할 수 없다"란 말 모두 사실임을 기억해야 한다. 내가 할 수 있다고 믿으면 정말 할 수 있고, 할 수 없다고 믿으면 할 수 없게 된다. 유리 천장 개념을 진실이라고 받아들이거나 내가 승진하지 못할 거라고 믿으면, 나는 "할 수 없어"라고 공표하는 셈이 된다.

가능성의 세계에서 불가능의 세계로 접어들면, 가장 큰 두려움이 현실이 된다. 더 조심스러워지고, 더 경계하게 된다. 잠재력이 넘치는 게 아니라 두려움이 넘치게 된다.

왜 내가 행동하는 사람이 아니라 당하는 사람을 암시하는 논리를 받아들일까? 왜 동료들에게(남성 여성 가릴 것 없이) 유리 천장 같은 것은 없으며 내가 그것을 증명해 보이겠다고 말하지 않는가? 콜럼버스가 세계가 편평하다고 믿었다면 어떻게 되었을지 상상해 보라.

언젠가 《포춘》지가 선정한 500대 기업의 여성 CEO들에 대해 이야기할 날이 올 것이다. 하지만 우리 여성들이 유리 천장 신화를 진실로 받아들인다면 과연 그런 날이 올까?

기억할 점: 하루가 멀다 하고 미국 기업체에서 일하는 여성이 자기

사업을 하려고 사직한다고 한다. 여성이 당하는 어려움에 비추어볼 때 이런 현상의 배경이 되는 원인이 이해되고도 남는다. 여성이 사직하는 데에는 남성처럼 쉽게 성공하기 힘들다는 이유에서부터 가족을 보살피기 위함이라는 이유에 이르기까지 다양한 이유가 있다.

하지만 나는 이런 여성들에게 사직하기 전에 신중하게 생각하라고 요구하고 싶다. 회사를 떠나면, 예전처럼 큰 영향을 미칠 수 없게 된다. 그것은 우리가 세상에 미치는 영향력이 달라진다는 뜻이다. 우리 나름의 마케팅을 하고, 더 여성적이고 더 가족 친화적인 물건을 만들려면, 우리는 그런 것을 만드는 팀의 일원이어야 한다. 우리가 최대한 많은 힘있는 자리를 차지하고 있는 것이 중요하다.

사직하고 떠나면 남아 있는 여성에게 도움이 되지 못한다. 대규모 비즈니스가 이루어지는 기본 방식을 바꾸는 데도 도움이 되지 못한다. 대기업은 우리의 생활 형태를 만든다. 그들은 우리가 비난하는 오락 산업과 우리의 건강을 해치는 음식, 우리의 수준을 낮추는 광고를 만든다.

우리 여성이 중요한 결정을 내리는 자리를 많이 차지하고 있을수록, 대기업도 올바른 방식으로 돌아가게 될 것이다.

장래
(현재로부터 얼마 뒤)

몇 년 전, 나는 비영리 기구의 기획 회의에 참여했다. 우리는 앞으로 나아갈 방향에 대해 몇 가지 중요한 결정을 했다. 그때 논의되는 각 사업에 대해 남성과 여성의 생각이 둘로 나누어지는 것을 알아차렸다.

내가 나서기로 했다. 나는 다음과 같은 질문을 던졌다.

"우리가 여기서 '장래'라고 말할 때, 정확히 언제를 뜻하는 건가요?"

참석한 남성은 모두 내년 언제쯤이라고 대답한 반면 여성은 모두 지금으로부터 여러 해 후라고 대답했다. 흥미로웠다.

그 다음날, 나는 직장에 출근해 회의를 주재하면서 참석자들에게 '장래'라면 언제를 의미하느냐고 물어보았다. 예외 없이 남성은 6개월에서 1년 후, 여성은 10년에서 15년 후라고 대답했다.

여성은 '장래'를 인간의 생물학적 주기로 생각한다. 그러니까 오랜 세월에 걸쳐 우리에게 일어날 일, 자녀 대에서 일어날 일, 손자 대에서 일어날 일이란 식으로 본다. 내가 인형집 놀이를 중지한다고 해서 인형집 놀이가 끝나는 것은 아니다. 내 강의에 들어오는 여학생이 공놀이를 최대한 연장시키고 싶어 했듯이, 영원히 계속될 수 있는 놀이가 가장 만족스러운 놀이다.

남성들의 게임은 시간이 정해져 있다. 어느 시점이 되어 시계가 울리거나 승자가 분명해지면 게임은 끝난다. 장래도 끝이 난다. 그리고 다른 게임으로 또다른 장래가 시작된다.

여성은 훌륭하게 개념적으로 사고할 수 있다. 회의에서 여성은 가능한 결과를 제시하고, 큰 그림을 보고, 모든 상황을 검토한다. 아무도 제지하지 않는다면, 여성은 결정을 내리기가 불가능할 정도로 많은 옵션을 제안할 수도 있다. 그런 식으로 여성은 게임을 영원히 끌고 갈 수 있다.

이런 접근은 회의에 참석한 남성들을 짜증 나게 할 수도 있다. 그들은 우리 여성 스타일의 게임을 하고 싶어 하지도, 그런 게임을 하지도 않는다. 그들은 당장 결정을 내리고 싶지 5년 후에 일어날 일에 대해서는 듣고 싶지 않을 것이다. 복잡한 일이 일어나면 나중에 처리할 수 있으니까. 우선 행동을 취해야 한다. 당장!

여성이 장래를 40년 후로 생각하는 것이 잘못된 것은 아니다. 다만 남성이 생각하는 장래가 4주 후인 게 문제랄까. 우리 여성이 장래의 개념을 바꿀 필요는 없다. 하지만 직장 환경에서 어떤 결정을 내려야 한다면, 주변 남성들과 같은 시간대의 개념을 갖는 것이 중요하다.

CHAPTER 8

PLAY LIKE A MAN,
WIN LIKE A
WOMAN

경기장에
등장하는 법,
퇴장하는 법

❝내가 생각하는 슈퍼우먼은 자기
집 바닥을 닦는 사람이다.**❞**

— 베트 미들러(가수, 배우)

집안 청소를 한다, 차를 세차한다, 아이들에게 책을 읽어준다, 개를 수의사에게 데려간다, 어머니를 돌본다, 식사를 준비한다, 1주일에 15킬로미터씩 조깅을 한다, 영업 부서를 관장한다, 직원들을 관리한다, 집안 살림을 한다…… 여성이 이 모든 것을 다 해야 한다?

아니, 그렇지 않다.

한데 우리 여성은 그 모든 걸 다 해야 한다고 생각했다. 물론 대부분의 일을 아주 잘할 수 있는 여성도 일부 있긴 하다. 하지만 나는 모든 일을 완벽하게 할 수 있는 슈퍼우먼은 아직 만나보지 못했다. 이 일을 하다 보면 늘 저 일을 못하게 되기 마련이다.

'저 일'은 보통 나 자신이다. 자기가 가진 모든 걸 다른 사람에게 주고 나면, 나 자신을 돌볼 시간이 없기 마련이다.

이제 여성 1세대가 이런 교훈을 얻었고, 그 다음 세대인 우리는 한계와 경계선을 더 현실적으로 규정하기 시작했다. 한 번에 한 가지 부분만 골라서 초점을 맞춘다고 해서 잘못된 것은 없다. 독신이거나 결혼했지만 아기가 없는 사람은 모든 것을 일에 쏟고 싶을 것이다. 그것도 좋다. 혹은 아이를 기르기 위해서 몇 년 직장을 떠나기로 결정한 사람도 있을 것이다. 그것 역시 좋다. 집안일 때문에 직장을 그만두는 것은 '회피'가 아니다. 그것은 필요에 의한 선택이다.

'엄마의 길'이라며 조소하는 여성이 많은 것은, 일단 직장을 떠나서 가정을 돌보는 일에 매달리게 되면 다시 팀으로 돌아올 가능성이 없음을 암시하기 때문이다. 엄마가 되든지 부사장이 되든지 둘 중 하나만 선택해야지, 그 둘을 양손에 쥘 수는 없는 게 현실이니까.

하지만 나는 둘 다 될 수 있다고 주장한다. 몇 년 현장을 떠나더라도 가능한 일이다. 아이들이 어릴 때는 아이들에게 힘을 쏟아붓다가 다 자라면 다시 직장에 들어가서, 생기 있고 성공적으로 일해서 마침내 성공한 여성들을 많이 보았다.

달리 표현하면, 게임판에 한 번의 전환만 있는 게 아니라는 뜻이다. 우리의 커리어는 계속 이어질 수도 있지만, 끊어졌다 다시 이어질 수도 있다는 의미다.

여기 또다른 놀라운 사실이 깔려 있다. 우리는 잡다한 일이라고 치부해 버리는 일을 하면서 엄청나게 많은 것을 배운다는 것이다.

내 인생을 살펴보자. 젊은 시절, 세 명의 국회의원과 일하는 멋진 직장 생활을 했다. 그후에는 백악관의 법률 고문실로 옮겨서, 인권 관련 입법을 맡았다. 나는 정치 관련 업무가 내 필생의 커리어라고 생각했다.

그런데 백악관 출입 방송 기자와 사랑하게 되었고 곧 결혼했다. 남편이 CBS에서 인권 담당 기자로 임명되면서 애틀랜타로 전근하게 되자, 나는 좋은 아내가 되기 위해 워싱턴 D.C.의 일을 마무리짓고 남편과 함께 이사했다.

나는 백악관에서 인권 사무실에서 일했으므로, 남편이 취재하는 내용에 대해 잘 알았다. 달리 할 일도 없고 해서, 늘 남편을 따라다녔다. 당시에 CBS는 친족은 채용하지 않는다는 규칙을 엄격하게 시행했으므로, 기자의 아내인 나는 CBS에 고용될 가능성이 전혀 없었다. 한데 ABC의 한 기자가 내 경력을 알고는 ABC 방송국에서 일해 보라고 제의했다. 나는 그의 제안을 받아들였고, 방송사에서 일하게 되었다.

그러다가 첫 아이 출산 예정일을 2주일 앞두고, 남편은 CBS의 모스크바 지사장으로 발령을 받았다. 다시 한 번 나는 남편이 가는 곳은 어디든 함께 가기로 선택했다. CBS는 이번에도 나를 고용해 주지 않으려 했으나, 결국 나는 나중에 사무국을 관리하게 되었다.

3년 후 우리는 두 아들을 데리고 애틀랜타로 돌아왔다. 애틀랜타 ABC에서 일하는 사이, 셋째 아이를 갖게 되었다.

1971년에서 1978년까지 아이들을 키우면서 간간이 이런저런 일을 했다. 그리고 비영리 단체에서 자원봉사를 하면서, 문자 그대로 우리 집 부엌에서 소규모 컨설팅 회사를 시작했다. ABC에서 일하던 친구들이 CNN 최초의 앵커들로 일하면서 내게 편집 프로듀서직을 제안했다.

그러니까 전업 직장은 10년 만에 갖게 된 셈이었다. 그렇다고 해서 내 머리가 굳었다는 뜻은 아니다. 사실 나는 비즈니스에 대해서 알아야 할 모든 것은 아이들을 카풀로 통학시키면서 배웠다고 늘 말한다.

한번 생각해 보자. 여섯 아이를 차 한 대에 태워서 데리고 다니려면 협상하는 방법을 배우게 된다. 아이들이 하나같이 뒷좌석 창가에 앉고 싫어 하므로, 머리를 써서 일을 해결해야 한다. 안 그러면 초등학교 1학년 여섯 명이 학교까지 가는 내내 징징대는 소리를 들어야 한다. 이것은 모든 사람이 자기 입장만 내세우기 때문에 분위기를 진정시켜야 하는 상황과 다르지 않다.

매주 잔디를 깎는 사람을 부르는데 될 수 있으면 싼값을 지불하고 싶은가? 그게 바로 연봉 협상이 아니고 뭔가. 또 믿을 만한 파출부를 구해야 하는가? 그게 바로 고용 기술이다. 아이를 돌봐줄 사람을 구한다고? 그게 바로 파견하는 법을 배우는 것이다.

한정된 생활비 내에서 식료품을 구매하는 일에서 재정 책임을 배운다. 교통 사고 후 보험 회사와 보험금 협상을 하는 과정에서 재정 협상에 대한 준비를 한다. 언제 어떻게 감사장을 보내는지 아는 데서 직원에게 고마운 마음을 표현하는 중요성을 배우게 된다. 그리고 네 시간후에 손님 열두 명이 갈 테니 저녁상을 차리라고 통고받고 식사 준비를 하면서, 나는 CNN에서 한 그 어떤 일처리도 할 수 있을 만큼 신속한 솜씨로 일을 진행시키는 법을 배웠다.

이런 일은 직장에서 하는 일과 비슷할 뿐만 아니라, 때로 가정에서 훨씬 큰 압박감을 받으며 일한다. 잡다한 살림살이에는 진짜 기술이 필요하지 않다는 사고 방식—사회가 이런 일을 가치 있게 보지 않기 때문에 여성 역시 이런 일을 하는 데 필요한 재능을 인정하지 않는다—때문이다. (최근 '에들먼 파이낸셜 서비스' 사의 연구에 따르면, 요리사·재정 담당자·심리학자·버스 기사 노릇을 다 감당하는 미국의 어머니들은 평균 연봉에 기초할 때 1년에 50만 8천 7백 달러를 받아야 한다고 한다.)

꼭 한 번의 기회밖에 없는 듯이 인생을 살 필요는 없다. 할 수 있는 만큼, 혹은 원하는 만큼 일을 하자. 그리고 자기 나름의 시간 틀 안에서 하라. 하지만 만약 모든 걸 시도하면, 다 완벽하게 되지 않는다는 점을 염두에 두자.

얼마 전, 5년 전에 연설했던 여성 그룹에게 다시 연설할 기회가 있었다. 강연이 끝나자, 제니퍼라는 여성이 내게 와서 지난번 만났을 때 개인적으로 조언을 구했노라고 말했다. 당시에 직장 일이 잘되고 있었지만, 막 둘째 아이를 출산해서, 집에서 아이들을 키우기 위해 파트 타임 직장에서 일하고 싶다고 했다.

그때 제니퍼에겐 경쟁자가 있었는데, 그녀가 현장에서 물러나면 아이 없는 여성이 자기의 자리를 차지할 거라고 확신했다. 제니퍼는 당시에 내가 직장은 언제든 새로 구할 수 있지만 아이는 언제든 새로 가질 수가 없다고 말한 것으로 기억하고 있었다.

나는 또 제니퍼에게 후회하지 말 것을 당부했다. 그것은 스스로 내리는 결정이었고, 스스로 자랑스러워할 수 있는 결정이었다. 아무도 그녀에게 떠나라고 등을 떠밀지 않았다.

이제 제니퍼는 6년간 파트 타임 일을 했으며, 곧 전일제 일자리로 돌아간다고 말했다. 제니퍼가 새로 맡은 일자리의 전임자는 다른 여성인데, 그녀는 막 승진한 후에 아기를 출산하게 되어 집에서 지내기 위해 일을 그만두게 된 경우였다. 예전의 제니퍼와 똑같은 상황이라는 게 아이러니였다.

중간에 퇴직하는 모든 경우가 다 행복한 결말을 맺는다는 뜻은 아니다. 물론 그렇지 않다. 내가 지적하고 싶은 것은, 예전에는 중도에 직장을 그만둔 여성이 나중에 다시 일자리를 갖게 되는 경우는 전무했다는 점이다. 하지만 이제 좋은 쪽으로 변화가 일어나고 있다.

중도에 퇴직했다가 다시 직장 생활을 한다는 것은, 새로운 가능성을 볼 수 있는 능력을 갖추고, 새로운 아이디어에 마음을 열 준비를 해서 좋아하는 일자리로 되돌아올 수 있다는 뜻이 된다.

나는 방송국에 입사할 생각은 해본 적이 없었다. 하지만 방송국에 들어갔을 때, 정치계에서 익힌 경험으로 새로운 일을 잘할 준비가 되어 있었다. 정치계에서 일하면서 정치가처럼 생각하는 법을 배운 덕분이었다. 또 의사당과 관련된 업무를 할 때는 누구에게 묻지 않고도 세세한 부분을 어떻게 다루어야 할지 배울 수 있었다.

젊은 여성 중에는 전일제 직장을 그만두었다가 다시 돌아와 보면 옛 동료들이 저만치 앞서 있을 거라고 짐작하는 사람이 많다. 이것은 10개년 계획을 세우는 이야기와 관련이 있다(3장 〈05 뚜렷한 비전과 전략을 세워라〉 참조). 만일 모든 것을 장기 전략의 일부로 봐서 각각의 움직임을 승진 사다리를 타고 올라가는 것으로 여긴다면, 인생에서 일어나는 어떤 일이든 배움의 경험으로 삼을 수 있다는 사실을 간과하게 된다. 곁길을 가다 보면 흥미로운 새로운 곳으로 가게 된다는 사실을 잊어버리면, 곁길은 그저 막다른 길이 되어버리고 만다.

하지만 직장을 그만두는 이유가 가족을 돌보기 위해서나 결혼을 해 다른 지방에서 살게 되어, 혹은 나이 든 부모님을 모시기 위해서가 아닌 때도 있다. 때로 그냥 직장에서 나오고 싶을 수 있다. 혹은 직장의 권력자가 내가 나가기를 노골적으로 바라는 때도 있다. 최근의 한 연구에 따르면, 미국인은 평생 평균 여덟 군데 다른 직장을 갖는다고 한다.

상부에서 내가 나가주길 바라는 기색은 어디서나 나타난다. 중요한 업무가 내게 오지 않는다, 중요한 회의에 나를 제외시킨다, 상관이 내게 의견을 묻지 않는다, 영리한 후배 여직원이 문제가 생기면 나에게 와서 의논하지 않고 더 젊은 사람을 찾아간다 등등.

혹은 내 내면에서도 증후가 나타난다. 상관이 밉다, 근무 시간에 참기가 힘들다. 머릿속에서 '이 일이 정말 싫어. 내 직업이 싫어. 내 커리어가 싫어'라는 테이프가 계속 돌아간다.

아침에 일어나서 이런 생각이 든다면, 행동을 취할 때가 됐다는 뜻이다.

남성은 이런 순간에 대비해 미리 계획을 짠다. 사실 팀에 들어가기 위해 전략을 세울 때는 빠져나갈 전략도 염두에 둔다. 그들은 게임을 많이 치러본 덕분에, 필요할 경우 사전 조치를 마련해 두어야 한다는 것을 안다.

방송계에서 방송망에 이상이 생길 때마다 재빨리 다른 회사에 이력서를 내고, 새로운 접촉을 하고, 헤드 헌터에게 전화하는 사람은 늘 남성이다. 그들은 당장이라도 자기를 팔 준비가 되어 있다.

이런 식으로 생각해 보자. 남성과 여성은 각기 관계에 접근하는 방식으로 직장에 접근한다. 일부다처제적인 사고를 하는 남성은 늘 다양한 기회를 찾아다니지만, 일부일처제적인 사고를 하는 여성은 한 직장에서 오래 일하고 싶어 한다. 여성은 회사에 대단히 집착해서, 때로 아주 힘든 상황에서도 직장을 그만두기를 싫어할 수도 있다. 이런 태도는 대단히 충실한 직원처럼 보일지도 모르지만, 한편 스스로 희생자가 될 수도 있다.

여성은 머무르면서 자신을 증명해 보이고 싶어 하지만, 회사는 여성을 심하게 밀어붙이고 대가는 아주 조금 지불한다. 그러면 여성은 비참해하고 분개한다. 하지만 다른 데로 가지 않는다.

왜 그럴까? 아마 모험을 하는 것이 너무 두렵기 때문일 것이다.

하지만 때로는 퇴직만이 옳은 길이기도 하다. 그리고 떠나서 이익을 보는 경우도 많다.

내 친구 조는 통신 회사에서 일했는데 오랫동안 자기 일을 싫어했다. 매일 아침 출근하면서, 매일 저녁 퇴근하면서 '일은 내가 다 하고 영광은 상관에게 돌아간다'라는 생각이 머릿속에서 맴돌았다. 보수는 많았지만, 좋은 대접을 받지 못해서 조는 마음이 씁쓸했다.

조는 마음을 굳게 먹고, 상관의 사무실로 들어가서 다른 직장을 구했노라고 말했다. 그런 다음 새로 생긴 회사에 입사해 1년 동안 아주 행복하게 일했다. 그런데 회사가 도산했고, 그녀는 실직자가 되어 완전히 바닥에 주저앉은 꼴이 되었다.

한데 정말 바닥이었을까? 물론 여기 조의(그리고 우리의) 최악의 예상이 현실이 되었다. 바로 남편과 이혼해 봤자 결국 외로워지기만 할 뿐이라는 세상 사람들의 논리와 다르지 않다.

하지만 그렇지 않았다. 조는 한 달 후 새 직장을 구했다. 새 회사는 조의 사업가다운 자질을 높이 평가했다. 결국 그녀는 대기업을 떠나 신생 회사에서 일했다. 그 1년간 신생 회사가 당하는 어려운 상황을 처리하면서 조는 많은 것을 배웠다.

조는 모험을 감수했다. 그후 최악의 일이 벌어졌지만, 그래도 그녀는 이겨냈다.

꼭 그만둬야 한다는 것을 알면, 그만두자. 하지만 지혜롭게 퇴직하자. 폭발할 지점에 다다르면, 충동적으로 행동을 취하기 쉽다. '이놈의 회사에 복수해야지', '뒤통수를 때려야지. 당장 박차고 나와서 내가 어떤 사람인지 단단히 보여줘야지'라고 벼르게 된다.

하지만 경기장에서 폭풍 불듯 걸어나올 수는 없다. 어린 소년은 아무 말 없이 팀에서 나왔다가 다른 선수들의 질책을 받고, 잘못했다는 것을 배운다. 만일 팀의 일원이라면, 팀원들이 내가 떠나는 것을 납득할 때까지 머물러야 한다. 당장에 회사를 그만두면, 동료들은 나를 성실하지 못하고 믿지 못할 인물로 보게 된다. 그렇게 소문이 나봤자 좋을 게 없다.

그런 식으로 하지 말고, 적당한 계획을 세워 움직이자. 직장을 주선해 줄 만한 사람들에게 전화를 건다. 테스트를 받는다. 이력서를 보낸다. 헤드 헌터를 만난다. 신문의 구인 광고를 검토한다. 너무 큰 기대는 갖지 말고, 찬찬히 점검한다. 관심이 가는 자리가 있으면 연락을 취한다.

새로운 자리가 마련이 되면, 지금 직장의 상관에게 사려 깊고 지혜롭게 알린다. 그와 일하면서 많은 것을 배웠지만, 이제는 두 사람을 위해서 움직여야 할 시기가 되었노라고 말한다. 상관을 제대로 골랐다면(좋은 직장보다 좋은 상관이 더 중요하다는 점을 잊지 말 것!), 그는 내가 죄책감을 느끼지 않게 하면서도 떠난다는 기정 사실을 이해해 줄 것이다.

떠나는 기분이 즐겁지 않더라도 내가 품위 있게 퇴장함으로써 회사에 이익을 주고, 상관에게는 내 자리에 신선한 열정을 가진 사람을 데려올 기회를 준다고 스스로 생각하자.

좋은 상관이라면 직원이 비참하게 지내지는 않는지 궁금해한다. 나는 부하 직원에 대해 원칙을 세워놓았다. 직원들이 즐겁지 않을 때 처음 찾아오는 사람이 나라면 괜찮지만, 내가 아니라면 그 직원의 직장 생활에 큰 문제가 있다는 원칙이다.

모험 같고 유쾌하지 않은 경험 같지만, 퇴직에 대한 계획을 잘 세우면 이직에 큰 위험은 따르지 않는다. 나와 회사 양자 모두에게 이익이 될 것이다.

게임 요령 : 퇴직을 잘하는 방법은 현재의 직장을 '대단한 커리어'라고 생각하지 않는 것이다. 만일 그렇게 생각한다면 실망감이 커질수록 당혹스러울 것이다. 시작이 있으면 끝도 있다고 자기에게 말해 보자. 달리 표현하면, 직장은 그저 봉급을 받는 곳이라는 뜻이다.

이렇게 생각하자. '이 직장은 내게 맞는 곳이 아니지만, 생활비(혹은 대학원 학비나 은퇴 후 연금)가 필요하니까, 그냥 뛰쳐나가서는 안 돼.'

직장을 평생 헌신할 곳이 아니라 돈을 버는 곳으로 받아들이면, 큰 의미를 두지 않게 된다. 그러면 직장에 들어가고 나오기가 쉬워진다.

1999년은 프로 스포츠계에서는 큰 획을 긋는 한 해였다. 적어도 선수들이 소속 팀을 떠난다는 면에서는 대단한 해였다. 마이클 조던, 웨인 그레츠키, 칼 리프켄 주니어, 존 엘웨이가 각각 프로 야구 팀, 아이스하키 팀, 야구 팀, 풋볼 팀에서 은퇴했다.

하나같이 훌륭한 기량을 과시했다는 점을 제외하고도 그들에겐 공통점이 있다. 은퇴를 강요받고 떠난 게 아니라는 점. 최고 전성기는 아니었지만, 각자 어떤 동료보다도 게임을 잘했고, 어마어마한 연봉을 받았으며, 팬을 행복하게 해준 선수들이었다. 그들 각자는 이제 퇴장할 때라는 것을 인식했다.

최고 기량을 발휘하지 못하게 되면, 미적거릴 이유가 없다. 풋볼과 하키에서 그렇듯, 직장에서도 마찬가지다.

커리어는 단계마다 발전한다. 처음에는 무모한 신입 단계가 있다. 이때는 사탕 가게에 들어온 아이처럼 모든 게 신난다. 그 다음 직장 사춘기 단계에 접어들면서 위로 올라가게 되지만, 얼마나 올라갈지 모른다. 결국 성인기에 다다르면, 우리는 최고 전성기에 접어들게 된다.

그러다가 어느 날, 출근하려면 마음을 다잡아야 하고, 흥미로운 새 프로젝트에 끼려고 열성을 부리지 않는 자신을 발견한다. 자기 능력을 증명하는 데 흥미를 잃고, 일 외의 것에 관심을 집중하게 되는 날이 온다. 그렇게 되면 이제는 적을 죽이려 달려드는 젊은 사자가 아니다. 그저 내가 죽이는 것은 시간뿐이다.

게임이 끝에 다다른다는 사실을 인식하는 사람이 몇이나 될까? 그리고 결국 피할 수 없는 종점을 맞이할 대비를 하는 사람이 몇이나 될까? 마이클 조던은 재정적인 준비를 하면서 지난 10년을 보냈다고 한다(사실 1년에 5천만 달러를 버는 사람이야 은퇴 후의 재정 준비를 하기 쉬울 것이다). 우리는 어떤가?

대부분 여성들의 대답은 '준비하지 않고 있다'라는 것이다. 여성에겐 재정 면에서 장래를 계획한다는 게, 그저 배우자에게 장래의 재정 문제를 맡기는 정도다. 우리 아버지들이 어머니들을 위해 돈 문제를 해결해 주었던 것과 별반 다를 게 없다. 배우자가 없는 여성이라도 대부분 장래에 백마 탄 기사가 나타나서, 자신을 보험이나 투자, 은퇴, 재산세에 대한 고민에서 구제해 주기를 바란다.

그런 생각은 이제 그만! 스타킹에 가발을 쓴 백마 탄 기사는 사라지고 없다. 운이 아주 좋은 사람이 아니라면, 독신 여성은 경제적인 면에서 노년에 대한 책임을 혼자 감당해야 한다. 배우자가 있는 여성이라도 퇴직한 후까지 남편이 곁에서 모든 것을 돌봐줄 거라고 장담할 수는 없다. 그러니 대비를 해야 하지 않을까?

게임이 시작되는 바로 그 순간부터, 게임이 끝날 때의 계획을 세워야 한다. 집안 살림이 제대로 돌아가고 있는지 확인해야 한다. 재정 준비도 제대로 되어가고 있는지 점검해야 한다. 은퇴까지는 여러 해가 남아 있고, 상황은 계속 변할 것이다.

어쩌면 오늘은 60세에 은퇴할 거라고 생각하지만, 내일은 70세, 혹은 55세, 80세에 은퇴하게 될 거라고 생각할 것이다. 계속 조정할 수 있겠지만, 때가 오면 은퇴할 수 있는 형편이 되도록 확실히 준비를 해야 한다.

재정적인 부문의 노후 준비를 다룬 책을 한 권 산다. 그 방면의 지식이 있는 친구와 동료들과 의논한다. 전문가들의 자문을 구한다. 은퇴 게임에서 돈 문제를 무시할 형편인 여성은 거의 없다.

대부분의 여성은 퇴직 후와 관련된 재정 문제 처리에 어려움을 느끼긴 하지만, 그보다 더 위압감을 느끼는 부분은 은퇴 후에 직함이 없어지는 점이다. 직장 일은 인격이 아니라 우리가 하는 일에 불과하지 않은가.

간단한 얘기라고? 한데 그렇지 않다. 남성은 오랜 세월 직장에 다니지만, 이런 사실을 배우지 못한다. 우리 아버지를 비롯해 은퇴를 앞둔 사람들, 그것도 대단히 명석한 사람들도 이 문제를 극복하지 못하는 것을 너무 많이 봤다.

오랜 세월 일하면서, 나는 세상에서 내가 그냥 게일 에반스가 아니라 게일 에반스-CNN 선임 부사장이라는 것을 알게 되었다. 나는 직함이 없는 게일 에반스로는 존재하지 않는다.

가끔 나 자신도 실수를 저지른다. 직함을 이용해서 예약이 어려운 식당에 예약을 한다든가, 사교 모임에서 깊은 인상을 심어주거나, 여러 분야의 사람과 관계를 맺는다. 직함이 가기 어려운 곳에 가게 해주고, 사람들의 시선을 끌게 해준다. 이것은 사실 싫지 않다.

하지만 어디어디 부사장이 내 본모습이 아님을 내가 진정으로 알고 있을까? 직장을 떠나서 자연인 게일 에반스가 되기 전까지는 확실히 모를 것이다.

이 문제를 해결하는 것은 여성이 직장에 줘야 하는 선물이다. 우리는 다양한 관계 속에서 자기 신분을 규정하길 좋아한다. 즉 애들에겐 어머니고, 가까운 이웃에게는 친구다. 또 남편에게는 아내다. 하지만 여성이 점점 강력한 자리를 차지하게 되면서, 남성이 무색할 만큼 직함으로 자기를 내세우게 되었다. 오래전부터 우리에게 전체를 바라보는 통찰력을 주었던 가치 체계를 포기하게 된 것이다.

여성이 비즈니스계에서 성공하면서, 은퇴를 옛날 식으로 다룰 가능성과 함께 또 한 가지 가능성이 생겼다. 여성이 비즈니스의 규칙을 다시 만들 가능성이 바로 그것이다. 특히 은퇴의 규칙을 다시 만들 가능성이 크다.

인생의 전부에 가치를 두는 재능을 갖고 있는 한, 우리의 전부가 하는 일로 대변되지 않는다고 믿는 한, 우리는 은퇴를 성공적인 커리어에서 물러나는 것에서 멋진 모험으로 바꿀 수 있다. 상실감을 느끼는 대신, 은퇴를 다른 인성을 개발하는 시기로 삼을 수 있다. 은퇴 후 시간제 근무를 하거나 젊은 여성들을 지도할 수 있다. 가족에게 돌아갈 수도 있다. 어쩌면 숨겨진 재능을 발견해서 새로운 커리어를 시작할 수 있을지도 모른다.

줄곧 일하는 게 아니라 물러났다 다시 시작하면서 발견하는 것들을 충분히 이용하자. 물러났다가 다시 시작하는 것을 최대한 이용하자. 은퇴를 재직 때만큼이나 생산적이고 강력한 것으로 만드는 우리 여성의 재능을 한껏 이용할 수 있지 않을까?

CHAPTER 9

PLAY LIKE A MAN,
WIN LIKE A
WOMAN

마지막
규칙 두 가지

"여성은 인간 관계—인간 관계는 여성의
본능 그 자체다—에 대한 훈련을 오래
받았기에 어떤 그룹의 활동에나 특별한
공헌을 할 수 있다."

— 마거릿 미드(인류학자)

여성이 되라

며칠 전, 애틀랜타 브레이브스(우리 회사 소유 구단이다) 소속 선수와 점심 식사를 함께했다. 우리는 그의 가족, 성장 배경, 꿈 등—나의 가족, 성장 배경, 꿈에 대해서도—폭넓은 주제의 대화를 나누었다.

며칠 후, 나는 CNN 스포츠 캐스터와 게임을 보러 갔다. 그 선수가 필드에 나오자 "난 저 선수의 팬이 되었어요!"라고 말하면서 점심 식사를 함께하는 동안 여러 가지 이야기를 나누었다고 했다. 그러자 스포츠 캐스터는 깜짝 놀랐다.

"설마 농담이겠죠? 나랑은 그런 얘기를 한 번도 한 적이 없는데."

그는 남성들이 서로, 혹은 언론 매체에 어떤 이야기를 하는지 간단하게 말해 주었다. 순전히 남자 대 남자의 대화만 한다고 했다. 그러니까 감정이나 연결 관계 같은 건 없이 순전히 사실만 이야기한다는 것이었다.

나중에 나는 브레이브스 선수와 대단히 속 깊은 대화를 나누었다는 사실을 알게 되었다. 내가 여성으로서 대화에 임한 덕분에 얻은 결과였다. 나는 스포츠계의 천재인 체하지 않았고, 또 남성처럼 대화하려 하지도 않았다. 나는 그가 최근에 애틀랜타로 트레이드되어 온 것을 가족이 어떻게 받아들이는지, 그의 부인이 이사 와서 자리를 잘 잡았는지, 아이들이 전학한 학교 생활에 잘 적응하는지 물어보았다. 나는 그와 관계를 맺으려고 노력했다.

나는 동료 남성들과 개인적인 대화를 하는 경우가 많다. 나는 이런 대화가 직장에서 우리의 관계를 진전시킨다고 확신한다. 우리가 여성다운 태도로 의논에 임해도 남성이 우리를 무식하다거나 똑똑하지 않다고 생각하지는 않는다.

오히려 남성들은 여성과 함께 있으면 더 편안한 기분을 맛볼 수도 있다. 남성들은 우리가 직장 동료이기도 하지만, 그들의 부인과 가족에게 흥미를 보이는 진짜 여성임을 알게 될 것이다. 또 그들이 남성 동료와 의논할 수 없는 문제에 우리 여성이 관심을 기울일 수 있다는 사실도 깨닫게 될 것이다.

일을 하는 똑똑한 여성이라면 누구나 동의할 것이다. 나의 타고난 돌봐주는 성품을 드러내 보이면, 남성 동료나 상관과 진정한 관계를 맺을 수 있다. 이것은 그들이 나를 신뢰하고 내 의견을 중요시한다는 뜻이다. 그렇게 되면 나는 그들에게 더 가까이 다가갈 수 있다.

나는 어머니로서의 본능을 행동으로 옮김으로써 관계를 더 돈독하게 만든다. 워낙 아이들을 좋아하기 때문에 사무실 서가에 어린이 책을 꽂아두고 지낸다. 덕분에 주말이나 휴일에 출근하면서 자기 아이를 내 사무실로 데리고 오는 직원이 많다. 아이를 좋아하는 내 성격 덕분에, 며칠 후 내가 그 아이들의 부모에게 고함을 쳐도 그 직원의 감정이 상하지 않는 장점이 있다.

상관들이 다 그렇듯 나도 비이성적인 태도를 취하는 순간이 있다.

하지만 자기 딸을 무릎에 앉혀놓고 있던 상관이 설령 얼굴이 벌게져서 고함친다고 해도 그리 화가 날까?

자신의 독특한 성격을 이용하도록. 너도 좋고 나도 좋은 게 좋다는 생활의 태도를 이용해서, 함께 일하는 동료들에게 팀의 소중한 일원이 된 기분을 느끼게 해주자. 사교 기술을 이용하자. 빌딩 안내원이 새로 머리 모양을 바꿨다거나 청소 담당 여성이 출산 후 다시 출근했다면 다가가서 인사하자. 진실한 친절이라면 사람들은 기억하고 거기에 대한 보상을 한다.

무엇보다도 여성의 육감을 이용하자. 남성은 육감에 대해서는 아는 게 없다. 그래서 '남성의 육감'이란 말은 아예 없다. 하지만 여성은 육감을 지니고 있다. 여성은 기본적으로 남성보다 더 감각이 발달되어 있다. 하지만 그것이 타고난 특성인지는 의문이다. 아마 여성이 관계성과 타인의 몸과 목소리와 마음에 관심을 기울이는 쪽으로 훈련받은 데서 나오는 특성인 듯싶다.

밤에 아기가 울면 엄마는 아이가 심각한 상황인지 그냥 보채는 것인지 알아내야 한다. 열 살짜리 자녀가 학교 가기 싫다고 말하면, 그날 기분이 언짢아서 그냥 해보는 소리인지, 아니면 학교 생활 전반에 문제가 있는지 알아내야 한다. 십 대 자녀가 지난 2개월 동안 접촉 사고를 세 번이나 냈다면, 우리는 접촉 사고를 또 일으키리라는 것을 알아야 한다. 아이가 나가기 전에 "조심해라"라고 말하는 것이 능사는 아니다. 신중하게 지켜보면서 아이의 행동 패턴을 알아내야 한다.

본능은 그 순간 주변에서 일어나는 일을 인식하는 능력이다. 특별한 상황에 대한 아주 미세한 뉘앙스에 귀를 기울이고, 타인의 몸과 마음이 보내는 신호와 나 자신의 신호를 알아듣는 법을 터득하는 것이다.

놀라운 이야기일지 모르지만, 사실 비즈니스계에 대단한 미스터리 같은 것은 별로 없다. 다른 사람의 마음속을 파고드는 것은 어려운 일이 아니다. 내가 진심으로 듣고 본다면, 사람들은 자기의 모든 것을 드러내기 마련이다. 바디 랭귀지와 목소리 톤, 어휘, 언외의 뜻 등을 통해서 사람들은 내가 알아야 할 모든 것을 말해 준다.

본능은 여성이 시장에서 가진 가장 강력한 도구로 꼽힌다. 그냥 귀로만 말고 마음으로 귀담아듣기만 하면 본능을 잘 쓸 수 있다.

그러니 여성의 본능을 한껏 이용해서 이익을 보자. 본능의 효과를 이해한다면, 사무실의 남성 동료에게 큰 영향력을 미칠 수 있을 것이다. 일처리에 미숙한 남성 동료를 개인적으로 돌보는 데도 여성의 본능을 쓸 수 있지만, 공개적으로 그러면 안 된다. 만일 공개적으로 그런 태도를 취한다면, 상대 남성 동료나 나나 당혹스럽게 될 것이다.

직장에서의 관계는 동료들의 연대에 있어 최우선이고 가장 중요한 것이다. 그렇다고 거짓으로 관계를 맺으라는 뜻은 아니다. 다만 직장을 더 좋고, 이익을 주고, 더 즐거운 곳으로 만드는 데 도움이 되기 때문에 좋은 인간 관계가 존재하는 것이다.

자신의 본모습으로 살라

남성 작가들은 흥미진진한 여성 등장 인물을 창조하고 싶을 때마다, 가장 강한 힘을 휘두르고 아름답거나 가장 배반을 잘하는 인물로 설정한다. 그래서 레이디 맥베스, 트로이의 헬렌 같은 인물이 태어난다.

반면에 여성 작가는 여주인공을 성실한 인물로 그린다. 제인 오스틴이 그린 엘리자베스 베넷, 버지니아 울프가 그린 램시 부인, 에디터 와턴이 그린 릴리 바트를 생각해 보면 알 수 있다. 뭇 여성은 주인공이 강인하고 윤리적인 성품을 가졌기 때문에 감탄한다.

여성이 남성보다 더 성실하다고 말할 수는 없다. 그것은 개인에 따라 다르다. 하지만 사회생물학적 견지에서 보면, 남성이 정조 관념을 중요시해 성실한 여성을 최고의 배우자감으로 생각하기 때문에 여성은 성실함을 중요시한다. 우리 여성은 성실함이 모든 관계의 기본이며, 관계는 우리 존재의 발판을 만들어준다고 믿으면서 성장했기 때문에 성실함을 좋아하는 것인지도 모른다. 아니면 '성실'이라는 개념이 여성의 유전적인 구성 성분이기 때문인지도 모르겠다.

내게는 성실함이 진정한 자기 자신임을 뜻한다. 직장을 포함해서 어디 가나 진정한 모습을 보이는 것을 의미한다.

직장 분위기에 맞추기 위해서 자기 내면을 바꾸려 노력하는 여성은 오히려 언제나 환경에 맞지 않는 인물이 될 것이다. 그녀가 저기서 암호랑이인 체하며 서 있지만, 실제 그녀는 사랑받길 원하는 고양이에 불과하다. 그녀는 걸어다니는 위선자고, 스스로도 그걸 안다. 거짓말은 이 여성을 비참하게 만들고 다른 사람이 다 거짓을 알아차리며, 곧 아무도—직장 동료도 이 여성 자신도—그녀의 진짜 모습을 모른다.

아무리 숨기고 가식적으로 행동해도 사람의 본모습을 바꿀 수는 없다. 계속 자기 모습을 바꾸고, 본래 모습이 아닌 다른 모습을 보이려는 여성은 자기 마음도 편치 않을 것이다. 혹은 어디 가든 편치 않을 것이다.

새 남자 친구와 데이트하러 갈 여성이 몇 시간 전부터 어떤 모습을 보여줄지 고민한다고 해보자. 바람둥이처럼 보일까? 지성미 넘치는 여자로 보일까? 커리어우먼처럼 보일까? 집에 얌전히 있는 여성처럼? 그런데 그녀가 어떤 역할을 연출했다고 해도, 그날 밤이 되기 전 이미 그녀나 데이트 상대는 더 이상 재미난 시간을 갖지 못하게 된다.

같은 원칙이 직장에서도 적용된다. 온 힘을 한데 모아서 가짜 이미지를 연출한다고 해도, 결국 아무것도 남지 않는다.

그런데도 자기 모습을 바꾸는 여성이 많다. 그들은 내게 '본래의 나'로는 성공하지 못하기 때문에 그런 노력을 한다고 말한다. 그러면 나는 '가짜 당신'도 성공하지 못할 거라고 말한다.

매일 환상 속의 나를 연출해서 성공할 수 있을까? 여성 임원이 충만감을 느끼지 못해서 회사 생활을 그만두는 이야기를 많이 접하게 되는 이유도 바로 여기에 있다. 이런 여성은 직장에서 자기 본모습을 드러내지 않았다. 하루 종일 가식적인 나만 있다고 생각하면, 기분이 좋아질래야 좋아질 수 없다.

본모습을 감추고, 의구심을 감추고, "내가 누군지 몰라. 그래서 승진하기에 가장 적당한 모습을 보여줄 테야"라고 스스로에게 말하고 싶은 유혹은 언제나 있다.

하지만 그 책략은 다른 사람들에게 들통나고 만다. 누구나 진짜 자기 모습을 본능적으로 알고 있다. 가끔 뻔한 거짓말을 할 때는 금방 알아차리고 '사실 방금 내가 믿는 대로 말하지 않았어'라고 속으로 중얼거리게 된다.

내가 처음으로 내 본모습, 순수한 내 모습을 완전히 드러냈던 기억이 지금도 생생하다. 열댓 명의 남성 임원과 CNN의 새 프로그램 테이프를 봤을 때였다. 여성 시청자를 목표로 해서 만든 프로그램이었는데, 유명한 모델이 출연해서 평범한 여성으로 지내는 하루 생활을 보여주었다. 아이를 놀이방에 데려가고, 잡다한 집안일을 하고, 식료품을 사는 등의 장면이 나왔다.

프로그램이 끝나자, 모든 남성이 잘 만들었다고 칭찬했다. 그리고 내게 시선을 돌렸다.

그들은 내게 "어떻게 생각해요?"라고 물었다. 그것은 "여성이 보기에는 어때요?"라는 뜻이었다.

나는 "마음에 안 들어요"라고 대답했다.

모두 내가 농담한다고 생각한 모양이었다. 그들은 "장난하지 말고, 진짜 어때요?"라고 재차 물었다.

나는 같은 반응을 보였다.

"여성 시청자는 이 이야기를 믿지 않을 거예요."

"그럼 어떻게 바꾸어야 됩니까?"

"내용 전부가 마음에 안 들어요. 어느 한 부분을 바꾸어서 해결될 문제가 아니에요. 이런 이야기는 제대로 먹히지 않아요."

평소 같으면, 각 부분을 어떻게 손보면 될지, 이야기의 간극을 어떻게 메울지 의견을 말하고, 전문가의 견지에서 프로그램의 효과에 대해 분석했을 것이다. 하지만 그날 나는 남성처럼 이야기하고 싶지 않았다.

나는 프로그램이 시청자에게 감동을 주지 못하리란 것을 알았다. 공감할 수 없는 이야기였기 때문이다. 정신이 제대로 박힌 여성 시청자라면 누구도 이 아찔하게 아름답고 온갖 특권을 누리는 여성이 시청자들이 겪고 있는 자잘한 일상의 문제—식료품 봉지를 들고 다니는 것은 고사하고—를 똑같이 감당한다고 믿지는 않을 터였다.

그래서 직장 생활 사상 처음으로, 나는 내 모습 그대로를 드러냈다. 내가 진정으로 믿는 것을 말했고, 그 결과를 감수하려 했다.

그 일을 통해 알게 된 것은, 느낀 그대로 말했대서 아무도 날 싫어하지도 않았고, 내게 의견을 묻지 않거나 하지도 않았으며, 해고당하지도 않았다는 사실이다. 내 마음을 꽁꽁 숨기고 있을 필요가 없었다. 나는 자신을 솔직히, 나의 언어로 표현해도 좋다는 믿음을 갖게 되었다.

나의 본모습을 보인다고 해서, 남성 세계에서 성공할 수 없거나 성공하지 못하는 것은 아니다. 그것은 본모습과 내가 일하는 환경 사이에서 편안하게 맞아떨어지는 지점을 찾는다는 의미다.

또 이 책에서 제안한 모든 사항을 그대로 따라야 한다는 것도 아니다. 허풍을 떨 필요도 없고, 생각을 큰 소리로 발표하거나 팀 위주의 플레이를 하지 않아도 된다. 방구석에서 조용히 지내도 괜찮다. 자기 처신의 결과를 조용히 감당하겠다면 아무래도 좋다. 가고 싶을 때 가고 오고 싶을 때 올 수 있으므로 조용한 일을 맡기를 좋아한다면, 매년 연봉이 4퍼센트만 올라도 괜찮다면, 여유 있는 시간을 많이 갖고 싶다면 그것도 다 좋다. 하지만 CEO나 이사, 고위직 임원이 되겠다는 야망을 가진 사람이라면 소리를 내야 한다.

이 책은 소리를 내는 법과 선택하는 법을 가르쳐준다. 내 충고를 옷을 입어보는 일처럼 봐주면 좋겠다. 규칙이 잘 맞는가? 그걸 실행한 내 모습이 보기 좋은가? 그것이 원래의 내 모습인가를 따져봐야 할 것이다.

지난 봄, '나이먼 마커스'라는 옷집에서 멋진 재킷과 스커트가 세트로 쭉 걸려 있는 것을 보았다. 그 생동감 넘치는 색상이라니……. 내가 평소에 입는 점잖은 톤의 투피스 옆줄에 걸린 그 스커트 정장들이 눈에 쏙 들어왔다. 나는 멋진 색상으로 한 벌 사고 싶었지만, 이내 애틀랜타의 더운 오후를 생각하고는 스커트를 입는다면 어떻게 팬티 스타킹을 감당할까 하고 생각했다.

나를 밝은 색 옷을 입은 사람으로 생각하고 싶었다 해도, 거울에 비치는 것처럼 그것은 내 본모습이 아니었다. 나는 회색 바지 정장 차림이었다. 적어도 인생의 그 시점에서는 그랬다.

딸아이는 거의 똑같이 생긴 블라우스를 수십 벌 입어본 후에야, 자기에게 맞는다고 생각되는 것 한 벌을 선택한다. 남의 눈에는 다 똑같이 생긴 블라우스인데 자기 눈에는 아주 다르다. 자기 모습이 마음에 안 든다면, 다른 여성들도 내 모습을 마음에 안 들어하리라는 것을 알아야 한다. 하지만 겉모습 자체를 거부한다면, 내리 15년은 후회하게 될지도 모른다.

불편을 감수하며 한 회사에 그대로 눌러앉아 있고 싶다고 해도, 스스로에게 진술해져서 딴 자리를 찾으려 시도해 볼 수 있다.

왜 많은 여성이 홍보부나 인사부, 사원복지부 같은 부서에 지원할까? 일부 여성 운동가들은 남성이 우리를 여성의 영역으로 밀어넣기 때문에 거기서 얘기가 끝난다고 말한다. 하지만 나는 인사부 같은 부서는 다른 사람에게 영향을 미치게 해준다는 데 그 이유가 있다고 생각한다. 예를 들면 오늘, 나는 아이 있는 여직원이 일을 계속할 수 있도록 알맞은 유치원을 찾는 일을 도와줄 수 있다. 혹은 불만이 많은 중간 간부급 사원이 만족스러운 부서로 옮기도록 중재하면서 기분이 좋을 것이다.

직장을 구할 때는 자기에 대해서도 꼼꼼히 살펴 결정하자. 대학 시절 환경 운동에 열심이었던 사람이 오염 물질을 많이 유발하기로 이름난 대기업에 입사한다고 해보자. 과연 그 사람은 행복할까? 혹은 내가 그냥 돈을 벌 목적만으로 직장을 찾고 싶다면? 그렇다고 스스로 인정한다면, 그런 견지에서 선택한다고 해도 잘못은 없다.

전에 한 젊은 여성을 면접했는데, 그녀는 최대한 돈도 많이 벌고 신랑감도 많이 만날 수 있는 직장을 구하고 있다고 말했다. 몇 년 내에 결혼하고 싶지만, 그때까지는 잘살고 싶다고 했다. 그녀는 그런 요건을 충족시킨다면 어떤 직장이든 상관없다고 말했다.

나의 동료는 그 젊은 여성을 뻔뻔하다고 생각했지만, 난 그녀에게서 깊은 인상을 받았다. 자기를 잘 아는 여성이기 때문이었다. 속으로는 그녀와 똑같은 조건을 내세우면서도, 그 여성의 바람이 너무 대담하고 어처구니없게 들리기 때문에 겉으로 나도 그렇다고 인정하지 못하는 사람이 많을 것이다.

흔히 "사회적으로 책임 있는 회사에서 일하고 싶습니다"라고 말하고, 그것이 진심이다. 하지만 영원히 그런 곳에서 일하고 싶어 하지 않을 수 있다. 앞에서 말한 그 젊은 여성은 이십 대 때에는 세상을 구하는 일에 신경을 썼다. 하지만 지금은 자신을 구하고 싶어 한다. 아마 또 변할 것이다.

직장에서 순교자가 되고 싶지 않다면, 나에게 무엇이 중요한지 결정해야 한다. 자신에게 큰 소리로 말해 보자. 자기가 가진 비전을 입 밖으로 내면 반은 성취한 셈이다. 나는 무엇을 꿈꾸는가? 자기가 갖는 환상을 글로 적어보자. 목록을 만들자.

여성은 나 자신보다는 다른 사람의 욕구를 돌보도록 훈련받으며 살았다. 하지만 내가 직장에서 원하는 게 뭔지 모른다면, 그 무엇도 성취하지 못한다. 장담컨대 누구도 내게 그런 걸 갖다 주지 않는다.

직장 여성의 궁극적인 만족은 자신과 상관들, 그리고 몸담은 회사에 대해 좋게 느끼는 것이다. 대기업에서는 그렇게 되기 어렵다. 자신을 충분히 느끼면서 생활함으로써 자기에게 유리한 것들을 쌓아가도록 하자. 가능한 모든 것을 살펴보자.

원하는 것을 할 수 있다고 말하는 사람이 되자. 할 수 없다고 말하는 미신에 빠지지 말자. 나는 할 수 있다는 신화를 스스로 만들어내자. 앞이 막히면 물러앉아서 멋지게 돌아갈 길을 만들 방법을 연구하자. 정지 신호를 넘지 못할 벽으로 받아들이지 말자. 언젠가 앞으로 나아가기 위해 뒤로 물러설 때도 온다는 사실을 인정하자. 마음만 먹으면 못할 일이 없다는 사실을 가슴에 새기자.

여성은 세상에 기여할 것을 많이 지니고 있다. 어느 날, '유리 천장' 같은 말이 더 이상 존재하지 않는 날이 오면, 여성은 무궁무진한 방식으로 직장 환경을 바꿀 것이다. 그때까지 꼭 기억해 둘 것. 재미난 시간을 보내자! 자신의 본모습으로 살자! 자신의 삶을 사랑하자! 그리고 게임을 좋아하자!

모든 여성에게 힘을 실어주는 책

이 책의 번역 작업을 마친 직후, 친하게 지내는 출판사 직원과 점심 식사를 했다. 어떤 일을 마쳤느냐고 묻길래 게일 에반스의 『남자처럼 일하고 여자처럼 승리하라(*Play like a Man, Win like a Woman*)』를 끝냈다고 했더니, 그분도 이 책에 관심을 갖고 출판 계약을 하고 싶었는데 성사가 되지 않아 안타까웠다며 책의 내용을 자세히 물었다.

여러 내용 중에서도 특히 '남성과 여성이 다르게 해석하는 단어' 부분을 몇 가지 이야기했더니, 그분은 어쩌면 그렇게 직장 환경의 현실을 그대로 그렸느냐며 깜짝 놀랐다. 10년쯤 직장 생활을 했지만, 기본적인 개념의 차이 때문에 그렇게 의사 소통 방식이 다르다는 사실은 처음 깨닫게 되었다면서. 남성이 짜놓은 게임의 룰이 적용되는 직장(비즈니스) 현장에서 여성도 룰을 알아야 한다는 게일 에반스의 생각이 옳다는 것을 다시 한 번 절감했다.

게일 에반스는 미국 의회, 백악관 근무 등을 거쳐서 CNN의 선임 부사장으로 일하고 있다. 그 타이틀만으로도 우리 보통 여성들을 주눅들게 만들지만, 사실 그녀가 결혼 직후 남편을 따라서 이사를 하느라 직장을 그만두어야 했다든가, 아이들을 키우느라 10년 가까운 세월 동안 육아와 살림에 전념하면서 시간제 근무를 하다가 전일제 일자리를 다시 찾게 된 이력을 보면, 지금 멈칫거리는 우리와 '애초부터 다른 부류'라는 위압감을 느낄 필요는 없을 듯하다. 그리고 우리는 궁금해진다. 그럼 어떻게 다시 전일제 일자리를 갖게 되어 오늘의 성공한 여성에 이르게 되었을까.

게일 에반스는 우선 직장이라는 세계에 대해 제대로 파악할 것을 권한다. 애초에 남성 중심으로 판이 짜여졌으며, 그러므로 남성은 게임의 규칙을 배우지 않아도 잘 알지만, 전혀 다른 성향과 교육을 받은 후 그 '판'에 뛰어들게 되는 여성들의 경우에는 처음부터 규칙을 배울 필요가 있다는 것이다. 그래서 이 책은 여성에 대해서만 다루었을 거라 생각하기 쉽지만, 사실은 직장의 문화를 바닥부터 형성하고 그 위계에서 우위를 차지하는 남성에 대한 이야기를 많이 다루고 있다.

필자는 주장한다. 어린 시절 남자아이와 여자아이가 즐기는 놀이의 내용과 규칙이 다른 데서 모든 게 시작된다고. 그리고 여성이 남성과 같은 방식으로 성공을 지향할 필요는 없지만, 어쨌든 그들의 규칙과 행동 방식을 알아야 직장 환경에서 자기가 나아갈 바와 목표를 정할 수 있다고. 곰곰이 새겨볼 만한 이야기다.

재미있는 것은, 여기서 다루는 남성과 여성의 차이가 비단 직장에서뿐만 아니라 가정을 비롯한 모든 집단에 다 적용해 볼 만하다는 점이다. 남자 친구-여자 친구 사이나 부부 사이에서 서로를 이해하는 데 필요할 뿐만 아니라, 자녀를 키우는 데 있어서도(특히 딸을 키울 때는 더욱) 게일 에반스가 들려주는 남성-여성의 다른 의사 소통 방식, 다른 규칙에 대해 가르쳐줘야 관계가 건강해지고, 직장 생활이 건강해질 수 있으리라 믿는다.

나는 직장이라는 형태에서는 겨우 6개월 동안 일했다. 그때 느꼈던 여성 차별이 얼마나 큰 낙심을 안겨주었는지, 이후 취직이라는 것은 생각해 보지 않고 프리랜서로만 일했다. 14년 전 도무지 내 머리로 이해할 수 없었던 직장 내의 '악'에 대한 의문의 해답을 이 책을 번역하면서 얻을 수 있었다.

직장에 취직하려는 여성들에게, 직장에서 일하면서 풀리지 않는 의문을 가진 여성들에게, 앞으로 딸이 일을 갖기를 바라며 키우는 어머니들에게 꼭 읽어보기를 권한다. 나도 번역 작업 내내 초등학교 1학년생인 딸 유나 생각을 많이 했다. 그 아이에게는 오래전 내가 몰랐던 이 규칙들을 차차 가르쳐줄 작정이다. 십 몇 년 후 그 아이가 직장 세계로 나갈 때는 예전의 나와는 다른 눈으로 현실을 보고 이해하며 나아갈 바를 정할 수 있기를 바라면서.

기획에서 출판까지 수고해 주신 해냄출판사 식구들에게 감사드린다.

공 경 희

남자처럼 일하고 여자처럼 승리하라

초판 1쇄 2000년 7월 30일
초판 33쇄 2007년 3월 15일
개정판 1쇄 2008년 8월 18일
개정판 3쇄 2012년 8월 30일

지은이 | 게일 에반스
옮긴이 | 공경희
펴낸이 | 송영석

펴낸곳 | (株)해냄출판사
등록번호 | 제10-229호
등록일자 | 1988년 5월 11일

서울시 마포구 서교동 368-4 해냄빌딩 5·6층
대표전화 | 326-1600 **팩스** | 326-1624
홈페이지 | www.hainaim.com

ISBN 978-89-7337-681-0